Johannes B. Scaramelli

Regeln zur Unterscheidung der Geister

Hrsg. von Wilhelm Schamoni †

fe-medien, kisslegg

D-88353 Kisslegg
www.fe-medien.de

9. Auflage 2026
Umschlaggestaltung: Renate Geisler
Druck: mcpdruk, Polen

ISBN: 978-3-939684-36-7

Printed in EU

Johannes B. Scaramelli

Regeln zur Unterscheidung der Geister

Hrsg. von Wilhelm Schamoni †

Inhalt

Vorwort

Man liest heute oft, wir hätten in dieser Zeit der Unruhe und der Verwirrung nichts so notwendig wie die Gabe der Unterscheidung der Geister. Aber von Grundsätzen, die helfen könnten, das, was im eigenen Herzen und bei anderen sich abspielt, zu diagnostizieren, vernimmt man wenig. Zerstreut in der aszetischen Literatur aller Jahrhunderte sind solche Grundsätze zu finden. Als klassisch gilt Kapitel 54 des 3. Buches der „Nachfolge Christi" über die Unterscheidung zwischen den Regungen der Natur und den Anregungen der Gnade. Dieses Kapitel beschäftigt sich mit der Selbstliebe des „homo incurvatus in se" (hl. Bernhard), des sich selbst suchenden, sich selbst zum Mittelpunkt habenden Menschen, und mit seinen Selbsttäuschungen. Berühmter noch sind die „Regeln zur Unterscheidung der Geister", wie sie der hl. Ignatius von Loyola nach eigenen Erfahrungen und Beobachtungen in seinem Exerzitienbüchlein aufgestellt hat, die ein sicheres Urteil ermöglichen. Wenn man bedenkt, was die Hl. Schrift über den großen Einfluss des Teufels lehrt, versteht man, dass die Entscheidung, zu der die Exerzitien im Sinne des hl. Ignatius hinführen wollen, vermutlich auch in einer besonderen Weise vom Teufel bekämpft wird, wie es Ignatius dort lehrt. Ihr Ziel ist ja doch die restlose Auslieferung des ganzen Menschen an Gott, der dann aus ihm ein qualifiziertes Werkzeug für das Heil vieler macht. Dabei bleibt es wahr, dass die Unterscheidung, ob etwas aus unserer erbsündlich angeschlagenen Natur oder vom Teufel stammt, oft nicht getroffen werden kann. Darum sprechen auch die Lehrer des geistlichen Lebens gewöhnlich einfach vom bösen Feind, verstehen aber darunter sowohl den Teufel wie auch alles, was aus der ungeordneten menschlichen Natur stammt. Sie unterscheiden hier umso weniger, einmal, weil diese Unterscheidung eine in sich selbst schwierige ist, dann aber vor allem, weil es für das praktische Verhalten auf sie gar nicht ankommt. Denn ob die Versuchung aus uns selbst stammt oder vom Teufel: das, was der Versuchte zu tun hat, ist doch immer ein und dasselbe. Dieses, dass wenn vom bösen Geist in einer vereinfachenden Weise gesprochen wird, gewöhnlich auch die aus dem Menschen selbst stammenden Versuchungen mitgemeint sind, muss man sich beim Lesen der Exzerpte vor Augen halten, die im Folgenden aus dem dritten klassischen Text, dem ausführlichen Werke von Joh.-B. Scaramelli SJ (1687–1752), gebracht werden. Von diesem Werke Scaramellis „Unterscheidung der Geister" heißt es im Dictionnaire de Spiritualite III, 1278, dass es durch seine zahlreichen italienischen Ausgaben und seine vielen Übersetzungen Weltruf erlangt habe, dass insbesondere die Kapitel über die Kennzeichen des guten und bösen Geistes die vollständigste und klarste Zusammenstellung seien, die es hierüber gebe. Eine deutsche Übersetzung dieses Buches ist 1861 bei Manz in Regensburg erschienen, dort 1888 eine zweite, von P. Bernhard Maria Lierheimer OSB ganz umgearbeitete Auflage (8, VIII u. 316 S.), von der 1904 ein unveränderter und seitengleicher Neudruck erschienen ist. Die Auszüge werden gebracht aus den Kapiteln 6–9 (S. 59–136) über die Merkmale des göttlichen Geistes hinsichtlich der Regungen und Akte sowohl unseres Verstandes wie unseres Willens und über die entgegengesetzten Kennzeichen des teuflischen Geistes beim Erkennen und beim Wollen.[1] Scaramellis „Unterscheidung der Geister" ist ursprünglich ein Teil seines sehr umfangreichen Werkes „Anleitung in der mystischen Theologie" (Reprint Georg Olms Verlag, Hildesheim 1973). Scaramelli durfte aber nur diesen Teil veröffentlichen, und so hat er ihn als selbstständiges Werk herausgegeben.

Im Anhang findet sich eine Zusammenstellung der wichtigsten Aussagen des Neuen Testaments über den Teufel. Ferner sind dort jene Texte über die Unterscheidung der Geister vereinigt, die als klassisch gelten.

Wilhelm Schamoni

---

[1] In einer höchst amüsanten Weise hat über die Unterscheidung der Geister C. S. Lewis geschrieben: Dienstanweisung für einen Unterteufel

Merkmale des göttlichen Geistes hinsichtlich der Regungen und Akte unseres Verstandes

Vorauszuschicken ist hier und auch für die später zu erklärenden Merkmale, dass niemals ein einzelnes Merkmal genügt, um den eigenen Geist oder den eines anderen richtig zu beurteilen, es müssen stets mehrere zusammentreffen. Darum ist auch ein einzelnes schlimmes Merkmal noch kein hinreichender Grund zu einem negativen Urteil.

1. Merkmal des göttlichen Geistes hinsichtlich der Kenntnisse des Verstandes: Der göttliche Geist lehrt immer das Wahre und kann uns nie in Irrtum führen. Denn Jesus Christus nennt ihn selbst den Geist der Wahrheit (Joh 1,26; 16,13). Daraus folgt, dass sowohl jeder gewöhnliche Gedanke wie auch jede außerordentliche Offenbarung, die der Hl. Schrift, einer Entscheidung der Konzilien und dem Glauben der katholischen Kirche widersprechen, nicht von Gott eingegeben sein können.

2. Merkmal: Der göttliche Geist teilt unserem Verstand nie nutzlose und unfruchtbare, eitle und ungehörige Dinge mit. „Was soll die Spreu bei dem Weizen, spricht der Herr. Sind meine Worte nicht wie Feuer und wie ein Hammer, der Felsen zerschmettert?“ (Jer 23,28f.). Gottes Worte sind von großem Gewicht und Nutzen. Wenn eine Seele in ihren Gebeten mit Kenntnissen gespeist wird, die weder eigenen noch fremden Seelennutzen bezwecken, so kommen diese nicht von Gott, der nicht zwecklos handelt.

3. Merkmal: Der göttliche Verstand bringt immer unserem Verstande Licht. „Gott ist Licht, und in ihm ist keine Finsternis“ (Joh 1,5). Man denke an das, was bei Joh über Jesus als das Licht der Welt steht: 1,9; 3,19; 8,12; 9,5; 12,36. – „Freilich lässt Gott manchmal ihm sehr liebe und teure Seelen in tiefe Finsternis geraten, und zwar oft für eine geraume Zeit: Eine solche Finsternis trifft aber nur die Einbildungskraft,

der sich das Licht nicht mitteilt, das ganz auf den Verstand beschränkt ist; und obwohl dieses Licht bisweilen so geistig und rein ist, dass selbst jene, die es besitzen, es nicht erkennen, so hört es doch nicht auf, den Verstand zu regeln und auf Gott zu richten. In der Tat zeigt die Erfahrung, dass es sich so verhält; denn jene Seelen, obwohl in tiefe Finsternis versenkt, fahren doch wie früher fort, vollkommen zu leben, weil sie ohne Zweifel vom göttlichen Licht geleitet werden. Auf diese Weise kann der Führer erkennen, ob die Verstandestätigkeit seines Schülers von Gott angeregt wird; denn wenn er wahrnimmt, dass dessen Denken und Streben gut und heilig ist, dann kann er mit Fug und Recht annehmen, dass hier der Vater des Lichtes herrscht."

4. Merkmal: Der göttliche Geist macht den Verstand gelehrig, weich, biegsam und geneigt zur Annahme der Absichten anderer, die den eigenen des Menschen widerstreiten, besonders wenn es sich um Absichten von Vorgesetzten handelt. „Gott, der Herr, eröffnete mir das Ohr, und ich widerstrebe nicht, weiche nicht zurück" (Jes 50,5). Kaum war in die Seele des Saulus ein Strahl des göttlichen Lichtes gedrungen, da ergab er sich Christus und fragte: „Herr, was willst *Du,* was ich tun soll?" (Apg 9,6).

5. Merkmal: Der göttliche Geist macht unseren Verstand klug. Er führt zu einem richtigen Urteil über die Erlaubtheit oder Unerlaubtheit einer Handlung, über die Umstände, die sie erstrebenswert machen oder nicht, über die Mittel, die zu gebrauchen sind, über die besonderen Verhältnisse der Personen, die zu berücksichtigen sind, deren Alter etwa, Stand, Beruf, Gesundheit.

6. Merkmal: „Der göttliche Geist gießt der Seele immer Gedanken der Demut und Niedrigkeit ein. Es ist wahr, dass Gott mit seinem Lichte unseren Verstand adelt und ihn zu Kenntnissen erhebt, die über seine Natur erhaben sind, mitunter sogar auf außerordentliche Weise. Doch gleichzeitig gibt er demütige Gedanken ein, damit die Seele ihr Nichts,

ihre Niedrigkeit und Armseligkeit erkennt und einsieht, dass sie diese lichtvollen Kenntnisse nicht von sich selber hat und sich deshalb mitten in der Erhebung tief erniedrigt." Und je außerordentlicher die göttlichen Erkenntnisse und Mitteilungen sind, als umso unwürdiger erfährt sich der Mensch.

Die Merkmale des bösen Geistes bei den Regungen und Akten unseres Verstandes

Scaramelli knüpft an ein Wort des hl. Augustinus an: Als das Blut der Märtyrer floss, habe der Teufel gewütet wie ein wilder Löwe, als die Irrlehren sich verbreiteten, habe er versteckt angegriffen wie eine schleichende Schlange.

Das erste Kennzeichen des teuflischen Geistes: Der Vater der Lüge sucht uns immer einen Irrtum einzureden, bald offen, bald versteckt. Offen, wenn er uns etwas in den Kopf setzt, das dem Glauben oder der allgemeinen Ansicht der heiligen Lehrer widerstreitet, wenn er uns Grundsätze einflößt, die mit der Größe der Barmherzigkeit Gottes und der Vorsehung Gottes nicht vereinbar sind, wenn er in uns Gedanken erweckt, die mit der christlichen Moral nicht übereinstimmen, oder unbegründeten Verdacht gegen den Nächsten erweckt, um in uns heftige Leidenschaften zu entzünden. Verdeckt greift er an, wenn er, sich in einen Engel des Lichts verkleidend, uns manches Wahre und Heilige gemäß der Wahrheit des Glaubens und der christlichen Moral sagt, aber unter das viele Gute Falsches mischt und so die nicht genug betenden Unwachsamen in die Irre führt.

2. Merkmal: Wenn der teuflische Geist mit Lug und Trug nichts ausrichtet, gibt er nutzlose, eitle und unpassende Dinge ein, um das Gute zu hintertreiben.

3. Merkmal: Der teuflische Geist erzeugt im Verstande Finsternis oder ein falsches Licht. Er erzeugt auf dem Wege über aufgeputschte Fantasievorstellungen in unserem Verstande Dunkel, Verwirrung, Finsternis, Aufregung, Angst, Ausweglosigkeit, Hoffnungslosigkeit oder er entfacht ein trügerisches Licht, unter dem man die Dinge falsch sieht und das in Unruhe und Verwirrung stürzt.

4. Merkmal: Der teuflische Geist ist trotzig und widerspenstig. Scaramelli wendet auf jene, „die sich weder dem Ansehen der Heiligen Schrift noch der Autorität der römischen Päpste noch der Unfehlbarkeit der Konzilien noch der Lehre der heiligen Väter unterwerfen, sondern hartnäckig auf ihren törichten Meinungen verharren", das Wort Christi an: „Warum versteht ihr meine Rede nicht? Weil ihr mein Wort nicht hören könnt. Ihr habt den Teufel zum Vater" (Joh 8,43).

5. Merkmal: Der böse Geist treibt zum Übermaß im Guten an. Diese Übertreibung berücksichtigt weder das gehörige Maß noch die erforderliche Zeit noch den passenden Ort noch die Beschaffenheit der Personen, ihr Geschlecht, Alter, ihre gesundheitlichen Verhältnisse und richtet sich oft gegen ihre Standes- und Berufspflichten.

6. Merkmal: Der böse Geist flößt immer eitle und stolze Gedanken ein, auch mitten in tugendhaften und heiligen Handlungen, Gedanken der Selbstachtung, des Vorzuges vor anderen und der Verachtung des Nächsten. Darum ist zu prüfen, ob menschliches Lob und Prahlerei sich in unser Verhalten beimischen und ob Leichtsinn und Eitelkeit uns antreiben. Wer daher bei allem, was er unternimmt, dazu von der Eitelkeit getrieben wird, ist sicher vom bösen Geist gelenkt.

Jedoch ist wohl zu beachten, ob die Eitelkeit zugleich mit den Gedanken entsteht, gleich als ob sie mit ihnen verwachsen wäre oder ob sie nachher gleichsam wie etwas Fremdes von außen hinzukommt. Es kann nämlich der Feind kommen und sein Unkraut säen unter den Weizen

Gottes (vgl. Mt 13,25). Dadurch wird das Gute nicht ohne Weiteres schlecht.

Was hier von der Eitelkeit gesagt ist, gilt allgemein. Immer ist darauf zu achten, ob der böse Geist bereits mit den Antrieben zum Guten verbunden ist oder ob er erst später hinzutritt, um sie zu verderben. Und wenn die Seele seine Anregungen mit Abscheu empfängt und mit Ekel zurückweist, so ist dies ein klares Zeichen, dass ein guter Geist sie leitet.

Merkmale des göttlichen Geistes in Bezug auf die Bewegungen und Akte des Willens

Wenn es schon wichtig ist zu wissen, von welchem Prinzip die Kenntnisse des Verstandes ausgehen, ob vom guten oder vom bösen Geiste, so ist es doch noch ungleich notwendiger, richtig zu unterscheiden, welcher Geist hinter den Willensakten steht. Alles wirklich Gute und alles wirklich Böse hängt ja ab vom Willen. Denn die Verstandesakte, die aus sich selbst nur entweder wahr oder falsch sind, werden durch den Willen erst gut oder böse.

Das erste Merkmal des göttlichen Geistes bezüglich der Willensakte ist der Friede, den Gott mitteilt, wenn er den Willen bewegt. Dieser ist eines der eigentümlichsten Kennzeichen des göttlichen Geistes. Gott wird ja selbst in der Heiligen Schrift gleichsam mit seinem eigenen Namen der Gott des Friedens genannt: „Der Gott des Friedens sei mit euch allen“ (Röm 15,33), und: „Dieses tut, und der Gott des Friedens wird mit euch sein“ (Phil 4,9). Und wenn Jesus Christus sagt (Joh 14,27): „Frieden hinterlasse ich euch, meinen Frieden gebe ich euch“, so meint er jenen inneren und wahren Frieden, der allein ihm eigen ist, und nicht jenen trügerischen, den die Welt schenkt. Immer wieder wünscht der Völkerapostel den Empfängern seiner Briefe Gnade und Friede. Und wo er von den kostbaren Früchten spricht, mit denen der Geist des Herrn reine Seelen bereichert, sagt er ausdrücklich, dass eine derselben der Friede ist: „Die Frucht des Geistes ist Liebe, Freude, Friede" (Gal 5,22). Prüft also z.B. ein Beichtvater eine von Gott bevorzugte Seele und findet er, dass ihr, wenn sie etwas Besonderes in ihrem Gebet empfangen hat, ein innerlicher, wahrer und beständiger Friede eingeprägt bleibt, so kann er sicher daraus schließen, dass jener Herr sie heimgesucht hat, der den Aposteln, als er ihnen nach seiner Auferstehung erschien, den Frieden gebracht hat: „Der Friede sei mit euch!" (Joh 20,19; 21,26).

Das zweite Merkmal ist eine aufrichtige und ungekünstelte Demut. Gott selbst hat es ausgesprochen, dass er mit den Augen seiner Liebe alle jene ansehe, die arm und demütig von Herzen und voll heiliger und kindlicher Furcht sind. „Auf wen werde ich schauen, wenn nicht auf den Armen und im Geiste Gebeugten und auf den, welcher zittert vor meinen Worten" (Jes 66,2). Und: „Denn also spricht der Hohe und Erhabene, der ewig Thronende, dessen Name heilig ist, der in der Höhe und in dem Heiligtume wohnt und bei dem, der zerknirschten und demütigen Geistes ist, um zu beleben den Geist der Demütigen, um zu beleben das Herz der Zerknirschten" (Jes 57,15). Der göttliche Heiland selbst versichert uns, dass sein ewiger Vater seine Geheimnisse nur denen offenbart, die Kinder werden, sich verdemütigen und allen sich unterwerfen: „Ich preise dich, Vater, Herr des Himmels und der Erde, weil du dieses vor den Weisen und Klugen verborgen, den Kleinen aber geoffenbart hast" (Mt 11,25).

Die hl. Theresia vom Kinde Jesus erklärt (Leben, Kap. 22, n. 11): „Was ich erkannt und verstanden habe, ist, dass dies ganze Gebäude des Gebetes auf Demut gegründet ist; und dass, je mehr eine Seele im Gebete sich vor Gott erniedrigt, sie dafür umso höher von Gott erhoben wird. Ich weiß mich nicht zu erinnern, dass mir Gott unter den besonderen Gnaden, von denen ich später reden werde, auch nur eine erwiesen hätte, außer wenn ich mich zuvor in Anbetracht meiner großen Armseligkeit zutiefst erniedrigte und verdemütigte. Und um mir meine Selbsterkenntnis zu erleichtern, ließ mich die göttliche Majestät manche Dinge verstehen, von denen ich sonst gar keine Vorstellung gehabt haben würde." Gewiss also gibt es kein deutlicheres und sicheres Merkmal des göttlichen Geistes als eine wahre Demut, wodurch die Seele sich der göttlichen Gunstbezeigungen unwürdig erachtet, und wenn sie solche nicht hat, nicht danach begehrt; wenn sie dieselben empfängt, sich aber beschämt fühlt, sich verwundert, wie Gott ihr solche erteilen könne, darüber in Furcht gerät, sie zu verbergen sucht und bloß ihrem Seelenführer offenbart aus Angst, es könnten nur Täuschungen sein.

Das dritte Merkmal ist ein festes Vertrauen auf Gott, gegründet auf einer heiligen Furcht vor sich selber. Wie sehr das Gottvertrauen dem guten Geiste eigen ist, ergibt sich klar daraus, dass Gott davon die Kraft und die Wirksamkeit aller unserer Gebete abhängig macht. „Alles, um was ihr im Gebete gläubig bitten werdet, das werdet ihr erhalten" (Mt 21,22). „Wenn du glauben kannst: alles ist dem Glaubenden möglich" (Mt 17,19). Wie oft hat nicht Jesus ein großes Vertrauen mit einem Wunder belohnt! Man denke an seine Antworten, z.B. Mt 8,10.13; 9,2,22,29; 15, 28; Mk 10,52).

Dieses Gottvertrauen muss aber immer mit einer heiligen Furcht vor sich selbst verbunden sein, sonst wäre es nicht recht, sondern eitel, wenn nicht gar vermessen. Auch die Sünder vertrauen auf Gott und sagen töricht bei sich selber: „Gott ist gut und barmherzig, wir brauchen uns vor ihm nicht zu fürchten. Gott will von uns nicht gefürchtet, sondern geliebt werden." Dies ist jenes törichte Vertrauen, von dem der Weise in den Sprichwörtern sagt: „Der Tor lässt sich gehen und ist vermessen“ (Spr 14,16). Das heilige Vertrauen haben nur jene, welche, während sie auf Gott hoffen, Furcht vor sich selbst haben und ihren Kräften misstrauen. Wenn sie ihre eigene Schwachheit betrachten, befällt sie gerechte Furcht; erwägen sie die Güte Gottes und seine Verheißungen, dann fassen sie großen Mut, und indem sie auf diese Weise ein lebendiges Vertrauen mit heiliger Furcht innig verbinden, schreiten sie auf dem Wege der Vollkommenheit sicher voran. Darum muss der geistliche Führer darauf achten, dass diese beiden Affekte, Misstrauen und Furcht vor sich selbst einerseits und Gottvertrauen andererseits, niemals voneinander getrennt werden; denn Furcht ohne Hoffnung artet in Kleinmut aus und Hoffnung ohne Furcht erzeugt Vermessenheit und Dreistigkeit. Wo aber beide verbunden sind, führen sie die Seele sicher in den Hafen der seligen Ewigkeit, und sie sind darum eines der schönsten Kennzeichen des göttlichen Geistes.

Das vierte Merkmal ist ein biegsamer Wille. Ich sagte oben, dass ein gelehriger Verstand das Zeichen eines guten Geistes sei. Hier füge ich den biegsamen Willen hinzu, weil es kein genügendes Zeichen des rechten Geistes ist, sich gläubig zu unterwerfen, wenn nicht auch der Wille bereit ist, nach den Lehren des Glaubens zu handeln. Diese Biegsamkeit des Willens besteht zuerst in einer gewissen Bereitwilligkeit, den Einsprechungen und dem Rufe Gottes zu folgen, worin eigentlich die Tugend der wahren Nachfolger Christi besteht, wie er selbst von ihnen erklärt: „Sie werden alle gottesgelehrig sein“ (Joh 6,5). In dieser Beziehung schreibt der hl. Augustinus: „Wenn der Vater im Innern seine Stimme hören lässt und uns lehrt, zum Sohne zu kommen, nimmt er das Herz von Stein hinweg und gibt ein Herz von Fleisch, wie er es durch den Propheten vorherverkünden ließ. So macht er die Kinder der Verheißung zu Gefäßen der Barmherzigkeit, die er zur Herrlichkeit vorbereitet hat“ (De praed. Sanctorum, cap 8).

Die Biegsamkeit des Willens besteht in einer gewissen Leichtigkeit, die Räte anderer auszuführen, besonders wenn sie von Obern gegeben wurden, die Gottes Stelle vertreten und seine Person darstellen. Der Grund hiervon ist offenbar. In der Heiligen Schrift befiehlt uns Gott, der Stimme der Obern wie seiner eigenen zu gehorchen. „Wer euch hört, hört mich!“ (Lk 10,16). Er verlangt diesen Gehorsam auch dann, wenn sie böses Beispiel geben: „Auf dem Stuhle Mosis sitzen die Schriftgelehrten und Pharisäer; darum haltet und tut alles, was sie euch sagen, nach ihren Werken aber sollt ihr nicht tun“ (Mt 23,1f.). Da der Sohn Gottes diese Tugend selbst so sehr geliebt hat, dass er gehorsam wurde bis zum Tode, ja bis zum Tode am Kreuze (Phil 2,8), so muss er eine ähnliche Willigkeit auch denen einflößen, die er mit seinen heiligen Einsprechungen leitet.

Das fünfte Merkmal ist die gute Meinung bei allen Werken. Gott bewegt niemand und kann niemand zu einer Handlung aus einer anderen Absicht bewegen als zu seiner Ehre; denn „der Herr“, spricht der Weise, „hat alles seinetwegen geschaffen“ (Spr 16,4). Überdies lehrt Christus deutlich, dass alle unsere Handlungen so beschaffen sind, wie die Absicht ist, welche wir bei unseren Ausführungen haben: „Wenn dein Auge (deine Absicht) klar ist, wird dein ganzer Leib (dein Tun) licht sein; wenn aber dein Auge schlecht geworden, wird dein ganzer Leib finster sein“ (Mt 6,22f.). Ein und dasselbe Werk verändert je nach der verschiedenen Absicht seine ganze Natur: Geschah es aus Eitelkeit, ist es weltlich; geschah es aus Lust, ist es sinnlich; geschah es aus schlechten, verwerflichen Zwecken, ist es teuflisch; geschah es wegen Gott, ist es göttlich. Daraus kann man abnehmen, dass eine Person, wenn sie beständig in allen ihren Handlungen nur Gott sucht und nur ihm zu gefallen und ihn zu ehren begehrt, das Kennzeichen des göttlichen Geistes auf der Stirne trägt.

Ein sechstes Merkmal ist die Geduld sowohl in Dingen, welche den Leib quälen, wie Leiden, Schmerzen und Krankheiten, als in solchen, welche die Ehre verletzen, wie Verleumdungen, Verfolgung und Verachtung, oder welche das Gemüt angreifen, wie beim Verluste unserer Habe, unserer Eltern, Freunde oder einer uns sehr werten Sache. Ganz sicher ist die gelassene Ertragung und noch viel mehr die Sehnsucht nach der Verähnlichung mit Christus durch solche Trübsale ein ausgezeichnetes Kennzeichen eines guten Geistes nach dem Ausspruche des Apostels Jakobus: „Die Geduld hat ein vollkommenes Werk“ (Jak 1,4). Und nach dem Zeugnis des Hebräerbriefes 10,36: „Geduld ist euch notwendig, damit ihr mit der Vollziehung des Willens Gottes die Verheißung davonträgt.“ Die Geduld, vorausgesetzt, dass sie keine bloße Verheimlichung des inneren Unwillens oder nur eine leere Scheintugend, sondern eine wahre, tief in der Seele wurzelnde Tugend ist, kann nämlich unmöglich vom Geiste der Welt herrühren, der Ehren liebt und Verachtung nicht ertragen kann; noch vom Geiste des Fleisches, der den Körper liebt und nichts vom Leiden wissen will; noch vom bösen Geiste, der uns immer eine Anhänglichkeit an die irdischen Güter einflößt und deswegen keine Verminderung derselben erträgt; noch endlich vom menschlichen Geiste, der immer mit der Eigenliebe zusammenhängt (falls er nicht selber die Eigenliebe ist) und daher gegen alles sich erhebt, was der Natur zuwider ist. Folglich kann sie nur vom göttlichen Geist ausgehen. Ebenso gelten als Merkmale des wahren und göttlichen Geistes die Geduld, Ergebung und Gleichförmigkeit mit dem göttlichen Willen bei Trockenheit, innerer Verlassenheit, Finsternis und in Versuchungen, auch die außerordentlichen miteingerechnet, welche Gott bei manchen Seelen zuzulassen pflegt, die er zu hoher Vollkommenheit führen will.

Das siebente Merkmal ist die freiwillige innerliche Abtötung. Jesus selbst hat dieses gute Zeichen des göttlichen Geistes gelehrt: „Wer mir nachfolgen will, verleugne sich selbst“ (Mt 16,24). „Das Himmelreich leidet Gewalt, und die Gewalt brauchen, reißen es an sich“ (Mt 11,12). Und „wenn das Weizenkorn nicht in die Erde fällt und stirbt, so bleibt es allein; wenn es aber stirbt, so bringt es viele Frucht, Wer seine Seele liebt, verliert sie; wer aber seine Seele auf dieser Welt hintansetzt, bewahrt sie zum ewigen Leben“ (Joh 12,24f.). Wenn der Mensch also Früchte des ewigen Lebens hervorbringen will, muss er sich selbst verleugnen, dem Eigenwillen widerstreben und seine Leidenschaften bekämpfen.

Das achte Merkmal ist die Aufrichtigkeit, Wahrhaftigkeit und Einfalt, Tugenden, welche miteinander Hand in Hand gehen. Gott ist die erste Wahrheit; daher kann er jenen Herzen, in denen er Wohnung nimmt, nur den Geist der Wahrheit und Aufrichtigkeit einflößen. Er selbst erklärt: „Mit dem Einfältigen spricht er vertraut“ (Spr 3,32), das heißt, er erleuchtet jene, welche einfachen und geraden Herzens, ohne Falschheit, Verstellung und Hinterlist sind. Deswegen lassen sich auch auf diese, die klein in den Augen der Welt, aber groß in den Augen Gottes sind, die Worte des Herrn anwenden: „Ich preise dich, Vater, Herr des Himmels und der Erde, weil du dieses den Weisen und Klugen verborgen, den Kleinen aber geoffenbart hast“ (Mt 11,25).

Das neunte Merkmal ist die Freiheit des Geistes. Dafür bedarf es keines Beweises; zu deutlich sagt es der Weltapostel: „Wo aber der Geist des Herrn ist, dort ist Freiheit“ (2,Kor 3,17). Einige verstehen unter dieser Geistesfreiheit eine gewisse Ungebundenheit des Gewissens, ein freies, willkürliches Handeln, das mit den Gesetzen der Vernunft und des Glaubens wenig zusammenstimmt; doch täuschen sie sich, denn dieses wäre nicht Freiheit, sondern Zügellosigkeit des Geistes. Zum Verständnis der Geistesfreiheit ist die Erkenntnis der Knechtschaft des Geistes notwendig; denn sie ist eine Tugend, die man am besten aus ihrem Gegensatz erkennt. Knechtschaft des Geistes ist aber nichts anderes als eine freiwillige Unterwerfung der Seele unter ein Laster, von dem sich die

Unglückselige beherrschen lässt. Die Freiheit des Geistes besteht in der Freiheit von der Herrschaft der Laster, deren Sklaven jene sind, die sich von ihnen beherrschen lassen. Doch muss bemerkt werden, dass diese Freiheit des Geistes keine unteilbare Tugend ist, denn sie hat verschiedene Grade der Vollkommenheit. Es kann einer frei sein von den Lastern, insofern er in ihre Reize nicht einwilligt, und diese Freiheit geht nicht über den niedersten Grad hinaus. Ein anderer kann von den Reizen der Laster und ihren bösen Neigungen frei sein, insofern er sie mit Leichtigkeit unterdrückt, und das ist schon ein höherer Grad. Er kann auch frei sein von aller Anhänglichkeit an irdische und erlaubte Dinge, und dieses ist ein noch höherer Grad. Ist er aber auch frei von jeder Anhänglichkeit an die Gaben Gottes, so besitzt er den höchsten Grad der geistigen Freiheit. Wer diese Tugend in vollkommenem Grade besitzt, dessen Seele ist frei von aller Betrübnis, von aller Angst und Sorge, er ist immer bereit, sich bei allem, was vorfällt, dem Willen Gottes zu fügen. Diese haben die Kette jeder Anhänglichkeit gesprengt, daher leben sie frei von jeder unvollkommenen Sorge in einer angenehmen Ruhe und süßen Heiterkeit des Geistes. Glückselig diejenigen, die zu diesem Stande gelangt sind.

Das zehnte Merkmal ist das Verlangen der Nachfolge Christi. Dieses ist das sicherste Kennzeichen des göttlichen Geistes; denn es kann einer nicht den Geist Gottes haben und des Geistes Christi bar sein, wie der Apostel Paulus sagt: „Ihr aber seid nicht im Fleische, sondern im Geiste, wenn anders der Geist Gottes in euch wohnt. Wenn aber jemand den Geist Christi nicht hat, so gehört er auch nicht ihm“ (Röm 8,9). Der Geist Gottes bewegt zu nichts anderem, als was Christus, der Sohn Gottes, mit Wort und Beispiel gelehrt hat. Will nicht dieser Geist, dass wir durch Adoption und Gnade Kinder Gottes seien, nach den Worten desselben Apostels: „Die aber vom Geiste Gottes getrieben werden, sind Kinder Gottes“ (Röm 8,14). Kinder Gottes aber werden wir niemals sein, wenn wir Jesus Christus, seinem wirklichen Sohne, nicht nachfolgen. Zur Nachahmung der Tugenden Christi also und zum Gehorsam gegen seine Lehre kann uns nichts anderes bewegen als der Geist Gottes.

Das elfte Merkmal ist eine sanfte, gütige, uneigennützige Liebe, wie sie der heilige Apostel Paulus beschreibt: „Die Liebe ist geduldig, ist gütig, die Liebe eifert nicht, sie handelt nicht leichthin, ist nicht aufgeblasen, sie ist nicht ehrgeizig, ist nicht selbstsüchtig" (1 Kor 13,4ff). Der hl. Augustinus hält eine von aufrichtiger Liebe erfüllte Seele für so sicher, dass er sagt: „Liebe und dann tue, was du willst. Schweigst du, so schweige aus Liebe; redest du, rede aus Liebe, musst du zurechtweisen, tue es aus Liebe, schonest du, schone aus Liebe. Die Liebe muss in deinem Herzen wurzeln: Aus solcher Wurzel kann nur Gutes kommen" (Tract. 7 in 1 ep. S. Joannis). Das schöne Wort des hl. Augustinus „Liebe, und dann tue, was du willst", das nicht selten missbraucht wird, ist nach dem, wie er weiterschreibt, in Wirklichkeit eine herrliche Aufforderung, den Geist der Liebe zu pflegen.

Scaramelli führt keine weiteren Kennzeichen des göttlichen Geistes zur Beurteilung der Bewegungen und Akte des Willens an, weil die erklärten sicherlich, wie er mit Recht sagt, zur Urteilsbildung genügen.

Die den Merkmalen des göttlichen Geistes entgegengesetzten Kennzeichen des teuflischen Geistes in Bezug auf die Bewegungen und Akte des Willens

Das *erste Kennzeichen* der Einwirkung des bösen Geistes auf unseren Willen sind *Unruhe, Verwirrung und Trübsinn.* All dies steht im direkten Gegensatz zu dem Frieden, den Gott verleiht. Und in der Tat, wenn der Teufel uns offen versucht, so erregt er in uns Gefühle des Hasses, des Unwillens, des Zornes, des Neides, alles trübe und unruhige Leidenschaften; oder er ruft auch in der Seele Begierden nach sinnlichen Ergötzungen, Reichtümern und Ehren hervor, welche mit ihrem blendenden Schein anlocken, aber, wenn man sie nicht hat, uns quälen, und wenn man sie erlangt, uns auf tausenderlei Art beunruhigen, gerade wie die Rosen, deren Anblick so reizend ist, die aber, in die Hand genommen, mit ihren Dornen stechen. Kommt aber der Teufel versteckt, um uns mit guten Gefühlen und scheinbar frommen Gedanken zu täuschen, so wird er, auch wenn er die Seele anfänglich befriedigte, sie zuletzt doch in Unruhe und Verwirrung zurücklassen. Man halte an dieser Unterscheidungsregel fest, dass jener Geist, der die Seele beunruhigt, verwirrt, trübt, aufregt und nur Unordnung erzeugt, ein böser Geist ist.

Ein zweites Merkmal des teuflischen Geistes ist entweder ein offenbarer Stolz oder eine falsche Demut, nie aber die wahre Demut, die nur von Gott kommt. Naht der Teufel ohne Maske, so kann er, als Vater des Stolzes, in unseren Herzen keine anderen Gefühle erregen als Gefühle der Eitelkeit, der Aufgeblasenheit und des stolzen Selbstgefallens; und keine anderen Begierden, als Begierden nach Ehren, Ruhm, hohen Stellen, Bevorzugungen und Würden. So lehrt, und die Erfahrung bestätigt es Tag für Tag, Johannes Gerson. „Als falsche Engel“, sagt er, „sät der Teufel zuerst den Geist der Hoffart und treibt den Menschen an zur Begierde, in großen Dingen zu wandeln, eitles Selbstgefallen zu nähren und sich für hochweise zu halten; hat er das erreicht, so überlistet er ihn, schmeichelt, verlockt und betrügt ihn, gerade wie er will.“ Doch ist der Teufel, wenn er sich unter dieser stolzen und eitlen Gestalt zeigt, weniger gefährlich, weil er so leicht zu erkennen ist.

Mehr zu fürchten ist der Teufel, wenn er sich in den Mantel einer falschen Demut hüllt und sich so einschleicht. Dieses ist der Fall, wenn er uns an die begangenen Sünden erinnert oder an die gegenwärtigen Unvollkommenheiten, wenn er uns das Verderben, in dem er gewesen, oder den gegenwärtigen elenden Stand unserer Seele vor Augen stellt. Alles dies aber bewirkt er in uns durch ein betrügerisches Licht, welches keine andere Wirkung hat, als dass es die Seele in Unruhe bringt, sie mit Betrübnis, Besorgnis, Verwirrung, Bitterkeit und Kleinmut erfüllt, ja gar oft in tiefe Schwermut stürzt. Die unbehutsame Seele wehrt sich nicht gegen diese Gedanken; denn indem sie ob der Erkenntnis ihrer Sünden und Fehler von sich niedrig denkt, glaubt sie, eine tiefe Demut zu besitzen, während sie in Wirklichkeit von der Hölle vergiftet ist. Hören wir darüber die heilige Theresia. Sie schreibt (Leben, Kap. 30,7): „Die wahre Demut, obschon die Seele sich als böse erkennt und über ihren Zustand Schmerz empfindet, kommt doch nicht in Bestürzung noch beunruhigt und verdunkelt sie die Seele, auch verursacht sie keine Trockenheit, sondern Tröstung. Sie erzeugt Schmerz wegen der Beleidigung Gottes, aber auf der anderen Seite erweitert sie das Herz durch die Hoffnung auf seine Barmherzigkeit. Sie bringt Licht, um sich selber zu beschämen, und preist zugleich Gott, der sie so langmütig ertragen hat. Bei jener falschen Demut dagegen, welche der Teufel hervorbringt, ist kein Licht für irgendetwas Gutes; es scheint, als wolle Gott an alles Feuer und Schwert legen ... Diese Erfindung des Teufels ist eine der schwierigsten, feinsten und verstecktesten, die ich je an ihm bemerkt habe."

Zwischen der göttlichen und teuflischen Demut herrscht dieser Unterschied, dass die erstere mit Großmut, die letztere mit Kleinmut verbunden ist. Die erste verdemütigt allerdings und vernichtet zuweilen die Seele beim Anblicke ihres Nichts und ihrer Sünden, doch zu gleicher Zeit erhebt sie dieselbe zum Vertrauen auf Gott, stärkt und kräftigt sie; auch ist sie friedlich, heiter, gelassen und lieblich, und darum hofft die Seele nicht bloß Verzeihung ihrer Sünden, sondern fasst auch Mut, um durch Buße und andere gute Werke ihre früher begangenen Sünden und gegenwärtigen Fehltritte wiedergutzumachen; ja, gerade die Erkenntnis ihres eigenen Nichts vermehrt ihr Vertrauen, große Dinge für Gott zu tun. Die zweite dagegen mit ihrer trüben Verwirrung und Unruhe, mit ihrer Furcht voll Angst und Beklemmung raubt der Seele jede Hoffnung, macht sie feig und träg, erfüllt sie mit Misstrauen, Niedergeschlagenheit, Kleinmut und Verzagtheit; kurz, sie raubt ihr alle Kräfte des Geistes, sodass sie sich entweder gar nicht mehr oder nur sehr schwach zu tugendhaften und heiligen Werken entschließen kann.

Das dritte Merkmal ist die Verzweiflung oder das Misstrauen oder die falsche Sicherheit, nie aber das wahre Vertrauen auf Gott. Weil nun der Teufel sieht, dass es ihm nur selten gelingt, gläubige Seelen in den Abgrund einer fast unheilbaren Verzweiflung zu stürzen, was tut er? Er sucht ihnen wenigstens ein gewisses Misstrauen beizubringen, so dass sie, wenn sie auch nicht verzweifeln, doch auch nicht mehr hoffen. Er gibt sich alle Mühe, sie dauernd in diesen Zustand der Niedergeschlagenheit zu versetzen, damit sie von Tag zu Tag träger und schwächer werden und keine Kraft mehr zum Guten haben. Doch was das Schlimmste an der Sache ist, der Teufel tut dieses auf sehr schlaue und boshafte Weise, indem er ihnen die Überzeugung beibringt, dieser Zustand der Mutlosigkeit sei ganz recht und vernünftig. Denn nachdem er ihnen mit jener falschen Demut, wie wir gesehen, die früheren Schwächen oder die täglichen Fehler und Mängel vorgestellt hat, flößt er ihnen andere anscheinend gute Gedanken ein, wie z.B. dass die Güte Gottes groß sei, dass sie sich aber mit ihrer Bosheit den Einwirkungen der göttlichen Gnade widersetzen; dass Gott zwar bereit sei, ihnen zu helfen, sie jedoch dieser Hilfe nicht wert seien, und endlich, dass das ganze Übel nicht von Gott, sondern von ihnen selber herrühre. Auf solche Weise, durch diese und andere Scheingründe hintergangen, verharren sie in ihrem Misstrauen und ihrem Missmute. Sind sie aber einmal in diese Falle geraten, dann bleiben sie darin gefangen und können auf dem Weg der Vollkommenheit keinen Schritt mehr vorwärtsmachen. Ich bitte deshalb die Seelenführer, mit großer Sorgfalt ihre Beichtkinder zu überwachen, damit sie nicht in dieses Netz geraten, oder falls sie hineingeraten wären, schnell von diesem Irrtum geheilt werden. Sie sollen ihnen offen sagen, dass der Geist des Misstrauens nie der Geist Gottes ist noch sein kann, sondern immer vom Teufel herrührt. Sie sollen dieselben unterrichten, wie sie sich wegen ihrer Sünden heilsam schämen und verdemütigen, dann aber sogleich mit einer lebendigen und starken Hoffnung sich zu Gott erheben sollen, indem sie erwägen, dass die göttliche Barmherzigkeit unendlichmal die Schwere und Zahl ihrer Sünden übersteigt. Sie sollen dieselben zur Erweckung frommer Akte anhalten, wenn der Teufel sie zu Misstrauen und Kleinmut versucht, indem sie z.B. mit dem heiligen Paulus sagen: *„Gott ist es, der rechtfertigt, wer ist, der da verdammen sollte?“* (Röm 8,34). Oder mit dem Propheten Jesaja: *„Nahe ist, der mich rechtfertigt, wer will mit mir streiten? Siehe, Gott, der Herr, ist mein Helfer; wer ist`s, der mich verdammt?“* (Jes 50,8f.). Durch diese Worte ermutigt, sollen sie große Hoffnung fassen und mit job wiederholen: *„Auch wenn er mich tötet, will ich auf ihn hoffen“* (job, 13,15). Ich habe zwar gesündigt, schwer gesündigt, es ist wahr; aber die Sünde des Misstrauens gegen Gottes grenzenlose Güte will ich nicht hinzufügen. Selbst wenn ich schon am Rande des Abgrundes wäre, nahe daran, hineinzustürzen, würde ich nicht ablassen, auf Gott zu hoffen. – Endlich befehle er ihnen, diese oder ähnliche Akte der Hoffnung so lange zu erwecken, bis ihr Herz sich wieder ermutigt fühlt. Überdies wird es, um den Versuchungen des Teufels den Zutritt zu verschließen, gut sein, sie dazu anzuhalten, dass sie sogleich, wenn sie einen Fehler oder eine Sünde begangen haben, diese bereuen und sich vor Gott verdemütigen und da-rauf sich sogleich in die Arme der göttlichen Güte werfen und da ihr Herz mit heiligem Vertrauen erweitern, ehe der Teufel kommt, um es mit seiner Versuchung zur feigen Mutlosigkeit zusammenzuschnüren. Darauf sollen sie fortfahren, mit Freude, Frieden und heiliger Freiheit Gott zu dienen.

Alles das, was ich vom Geiste der Verzweiflung und des Misstrauens gesagt habe, tritt jedoch erst nach begangener Sünde ein. Vor der Sünde sucht der Teufel dem Menschen einen ganz entgegengesetzten, doch ebenso verkehrten Geist beizubringen, nämlich den Geist einer eitlen und vermessenen Sicherheit, wodurch er den Menschen zur Sünde ermutigt. Er stellt ihm Gott mit einer fast einfältigen und stumpfsinnigen Barmherzigkeit vor, die sich ungestraft beleidigen lässt, sodass er, durch diese törichte Überzeugung irregeführt, jede Furcht ablegt und ungescheut sich mit Sünden bedeckt. Solchen Personen muss der Beichtvater die große Gefahr vor Augen stellen, der sie sich aussetzen, von der Barmherzigkeit Gottes ganz verlassen zu werden, wenn sie ihre Milde nur zur Sünde missbrauchen. Er sage ihnen, dass die Barmherzigkeit Gottes dem Meere gleicht, welches nur jene Schiffe sicher in den Hafen führt, die sich selber mit Segel und Rudern helfen. Würden sie die Hände müßig in den Schoß legen und sich durch ihre Trägheit der Gefahr des Schiffbruches aussetzen, in der Einbildung, dass das Meer alles allein tun müsse, wer möchte an ihrem Untergange zweifeln? So ist auch Gott ein Meer der Barmherzigkeit und ein Ozean der Güte. Sind wir tätig und strengen wir uns selber an, um uns vor der Sünde zu hüten und begangene Sünden aufrichtig zu bereuen, so wird uns dieses süße Meer sicher in den Hafen des ewigen Heils bringen. Wenn wir uns aber selbst nicht helfen wollen, ja uns sogar der offenbaren Gefahr des Verderbens aussetzen, indem wir uns schmeicheln, die göttliche Barmherzigkeit werde alles allein tun, so lässt uns dieses so liebliche Meer der Güte ewigen Schiffbruch leiden. Um diese Lehre kurz zusammenzufassen, sage ich, der Beichtvater müsse Sorge tragen, dass die ihm anvertrauten Seelen nach begangener Sünde auf die göttliche Gnade hoffen, vor der Sünde aber sich allzeit fürchten. So werden sie von selbst den teuflischen Geist des Misstrauens und der Verzweiflung, der auf die

Sünde folgt, und den Geist einer törichten Sicherheit, der ihr vorangeht, von sich fernhalten.

Das vierte Merkmal ist die Willenshärte oder Verweigerung des Gehorsams gegen die Oberen. Alle jene, die vom teuflischen Geist beherrscht werden, zeigen eine gewisse Härte des Willens, wodurch sie sich entweder offen widersetzen oder sich nur höchst ungern der Überzeugung, dem Rate, dem Befehle oder Tadel der Diener Gottes fügen, die sie an Gottes statt leiten. Der Leser wird sich darüber nicht verwundern, wenn er bedenkt, was Cornelius Lapide zu den Worten des heiligen Paulus: „Welche Einklang hat Christus mit Belial?“ (2 Kor 6,15) bemerkt. „Belial“, schreibt er zu diesem Vers, „bedeutet den Teufel, welcher der Fürst jeder Abtrünnigkeit und Unbotmäßigkeit war und als erster Abtrünniger das Joch des Gesetzes, des Glaubens und des Gehorsams gegen Gott abgeschüttelt hat. Deshalb werden die Abtrünnigen Männer oder Söhne Belials genannt, das heißt Söhne des Teufels, Söhne des Ungehorsams, der Empörung und der Gottlosigkeit.“ Daraus folgt auch, dass der böse Geist uns niemals dazu bestimmt, unseren geistlichen Vätern die inneren Regungen unseres Herzens aufrichtig zu offenbaren; denn um die Betrügereien des bösen Feindes aufzudecken, gibt es, wie wiederum Cornelius a Lapide (zu 2 Kor 11,14) sagt, nach dem Urteile der Väter, der Heiligen und der eigenen Erfahrung keinen besseren Rat als diesen, dass man jeden Gedanken und jede Regung des Herzens einem gelehrten, klugen und frommen Manne, besonders dem Beichtvater, aufdeckt und seinem Rate sich unterwirft. Weil aber der Teufel nicht entdeckt werden will, so verabscheut er diese Eröffnung des Gewissens, flößt auch seinen Anhängern einen großen Abscheu davor ein und verbietet sie ihnen in seinen Einflüsterungen.

Niemals aber wird es vorkommen, dass er jemand anrät, sich aufrichtig seinem Seelenführer zu offenbaren; denn er hat die Eigenschaft der Verräter und Räuber, die nichts so sehr fürchten, als entdeckt zu werden.

Daraus muss man also den Schluss ziehen, dass der hartnäckige Wille des Ungehorsams und die Verheimlichung seines Inneren vor den geistlichen Vätern offenbar vom teuflischen Geiste herrühren.

Das fünfte Merkmal ist die schlechte Absicht bei den Handlungen. Wenn der Teufel einen Menschen zu bösen Werken versucht, so ist kein Zweifel, dass er ihm dabei eine böse Absicht eingibt. Es geschieht dies aber auch bei an sich guten Werken, um sie zu verderben, sodass sie zwar den Schein der Tugend haben, aber ihrem Wesen nach schlecht sind. Gibt z.B. jemand Almosen, obliegt er dem Gebete oder übt er sich in Werken der Liebe und Barmherzigkeit usw., so erweckt er in ihm ein gewisses Verlangen, diese Werke vor den Augen seiner Mitmenschen zu tun und sich so Ehre und Ansehen zu verschaffen; oder er bemüht sich wenigstens zu bewirken, dass jener anfängt, sich selbst zu schätzen, an seinen Handlungen Gefallen zu finden und eine höhere Meinung von sich zu fassen. Auf diese Weise betrügt er ihn auf bedauernswerte Weise, indem er ihm das als Tugend vorstellt, was der bösen Absicht wegen Sünde ist.

„Oftmals schleicht sich der böse Geist", schreibt der hl. Gregor der Große. (Registrum epist. Lib. VII. Ep. 12,7), „um das Gute, das er nicht verhindern konnte, zu zerstören, nach vollbrachter Handlung in den Sinn des Menschen ein und erweckt darin im Stillen selbstgefällige Gedanken, damit der Betrogene das, was er getan, selber als etwas Großes bewundere. Während er sich aber so innerlich stolz überhebt, beraubt er sich der Gnade desjenigen, der ihn zu jener guten Handlung befähigt hatte."

Ich füge noch eine Bemerkung für den geistlichen Führer bei. Sieht er, dass der böse Feind die guten Werke seiner Beichtkinder zu verderben trachtet, indem er ihnen verkehrte Absichten, z.B. der Eitelkeit, des Wohlgefallens oder eines irdischen Vorteils, beibringt, dann gebe er ihnen als Heilmittel gegen diese Versuchungen ja nicht den Rat, diese guten Werke zu unterlassen oder aufzuschieben; denn das wäre nicht eine

Vermeidung, sondern eine Förderung seiner Versuchungen, weil jener bei der Einflüsterung solcher schlimmen Absichten ein doppeltes Ziel im Auge hat, nämlich, dass man die tugendhaften Werke unterlasse oder sie schlecht verrichte. Er muss sie dazu anhalten, dass sie ihre Absicht ändern und anstatt der niedrigen und fehlerhaften edle und höhere Absichten wählen, wie die Ehre und das Wohlgefallen Gottes oder auch das wahre Beste der Seele.

Das sechste Merkmal ist die Ungeduld in Trübsalen. Dieser Punkt bedarf keiner langen Erklärung; denn jeder weiß, dass der Teufel uns keine Empfindungen der Geduld mitteilen kann, dass er vielmehr nur darauf bedacht ist, in uns Gefühle des Zornes und des Unwillens rege zu machen. Wird z.B. jemand durch irgendeine Beleidigung, durch üble Nachreden oder Verleumdungen an seiner Ehre angegriffen, so bemächtigt sich der Teufel seiner Einbildungskraft, ruft die Erinnerung an die empfangenen Unbilden wach, vergrößert die Absichten des Beleidigers und beleuchtet sie mit seinem höllischen Lichte, sodass der Strohhalm zu einem Balken, das Sandkörnchen zu einem Berge wird. Darauf schleicht er sich in den inneren Sinn ein, regt die Säfte und das Blut auf, macht, dass ihm die Galle überläuft, das Gemüt sich verfinstert und die Vernunft getrübt wird. Hat er ihn so weit gebracht, dann stellt er ihm seinen Unwillen als gerecht und seinen Zorn als erlaubt vor, entflammt immer mehr die Glut und reißt ihn so blindlings zur Rache hin.

Bilden die Ursachen der Leiden einer Person körperliche Schmerzen und Gebrechen oder der Verlust der Habe oder der Tod naher Verwandten und teurer Freunde oder andere Übel, die aus notwendigen Ursachen entspringen, so wird der Teufel, der Feind der Geduld, die Seele umso mehr zur Ungeduld, zu Klagen, zur Wut und Verzweiflung antreiben. Sind solche Gefühle vorhanden, so kann man daraus entnehmen, dass der böse Feind mit seinen Versuchungen dahintersteckt.

Das siebente Merkmal ist die Aufruhr der Leidenschaften. Wenn der Beichtvater sieht, dass ein Beichtkind von stürmischen Leidenschaften aufgeregt ist, welche die Vernunft trüben und dem Willen Gewalt antun, dann darf er fest glauben, dass der teuflische Geist in demselben wirkt. Es ist wahr, dass solche Leidenschaften auch von der Natur herrühren; doch für gewöhnlich erhalten sie nur vom Teufel Kraft und Wachstum. Die Natur beginnt mit leichteren Erregungen, der böse Feind aber, der beständig zu unserem Verderben wacht, stachelt sie auf, entflammt sie und gibt ihnen Stärke. Denn wie Gott immer vor der Türe unseres Herzens steht und mit seinen Einsprechungen anklopft: „Siehe, ich stehe an der Tür und klopfe" (Off 3,20), „so geht der Teufel" nach den Worten des hl. Petrus (1 Petr 5,8) „wie ein brüllender Löwe umher und sucht, wen er verschlinge." Bemerkt er in dem Herzen ungeordnete Neigungen, so dringt er dreist in dasselbe und setzt es mit der Fackel seiner Einflüsterungen in Flammen. Erhebt sich dabei die Leidenschaft aus geringfügigen Anlässen ganz plötzlich und mit ungewöhnlicher Heftigkeit und fast auf unnatürliche Weise, dann hat man umso mehr Grund zu glauben, dass der Teufel der Urheber oder wenigstens der Beförderer sei.

Das achte Merkmal ist Falschheit, Verstellung und Heuchelei. Der Vater der Lüge kann unseren Herzen nicht jene Aufrichtigkeit, Wahrhaftigkeit und Einfalt einflößen, die Gott dem Geiste seiner Diener mitteilt. Das wäre mit seiner Natur allzu wenig vereinbar; er kann nur den Geist der Lüge oder der Falschheit mitteilen. „Die Weisheit dieser Welt besteht" nach dem Zeugnis des hl. Gregor (Mor. X, 16) „darin, die Gefühle des Herzens schlau zu verheimlichen, die Gedanken durch gleißende Worte zu verbergen, den Irrtum als Wahrheit und die Wahrheit als Irrtum darzustellen." Diese Falschheit und tadelnswerte Verstellung, fährt er fort, wird in der Welt hochgeschätzt und bewundert. „Diese weltliche Klugheit kennen junge Leute durch die Übung, Knaben erlernen sie um Geld; diejenigen, die sich darauf verstehen, blicken auf andere mit Stolz herab; und jene, die sie nicht verstehen, bewundern sie demütig und schüchtern an anderen.“ Es ist „zwar wahr, dass der heilige Lehrer diese Laster dem Weltgeiste zuschreibt, denn er sagt später: „Nichts findet die Welt so töricht, als wenn man seine innere Gesinnung mit Worten kundgibt und nichts durch schlaue Kunst zu verbergen weiß“. Aber eben dieses beweist, dass man sie ebenso gut dem bösen Geiste zuschreiben müsse, weil diese zwei Geister, wie wir schon oben sagten, zum Schaden unserer Seele Bundesgenossen sind.

Ein neuntes Kennzeichen ist die der Freiheit des Geistes ganz entgegengesetzte Anhänglichkeit. Der Teufel strebt nicht bloß danach, dass wir unser Herz an das Zeitliche hängen (denn daran kann niemand zweifeln), sondern er verwendet auch große Mühe darauf, dass wir es unordentlich an geistliche Dinge hängen. Denn wenn er uns von der Welt und ihrer Eitelkeit losgetrennt sieht, so erweckt er zuweilen in uns zur Zeit des Gebetes gewisse fühlbare Zärtlichkeiten und sinnlich fühlbare Tröstungen und bemüht sich, dass wir uns dabei mehr als billig aufhalten, daran Wohlgefallen finden, an dieselben unser Herz hängen und zum Gebete zurückkehren, nicht Gottes-, sondern unseretwegen, nicht unseres geistlichen Nutzens, sondern unserer Befriedigung wegen. Der Böse hat dabei keine andere Absicht als diese, die Seelen mit jenen Süßigkeiten zu fesseln, damit sie auf dem Wege des Geistes keine Fortschritte machen. Aus solcher Anhänglichkeit entspringt allerlei Unklugheit und Unbesonnenheit, sodass manche es unterlassen, die Pflichten ihres Standes, ihres Berufes oder Amtes zu erfüllen oder dass sie die Liebe und den Gehorsam hintansetzen, um länger über Gebühr sich dem Gebete hinzugeben. Gott selber begünstigt nicht den Fortschritt dieser schwachen Seelen, die zur Zeit, in der sie Gott suchen sollten, sich selber suchen.

Das zehnte Kennzeichen ist die Abwendung von Jesus Christus und seiner Nachfolge. Als Beweis diene die große Abneigung, welche die falschen Mystiker und die Ketzer, in denen der teuflische Geist triumphierte, gegen die anbetungswürdige Person des Erlösers zeigten. Jene gingen so weit, die Betrachtung derselben zu verbieten und das Andenken an sie auszulöschen; diese aber suchten deren Kult und Verehrung zu verhindern. Niemand wundere sich darüber; denn da der Teufel der geschworene Feind Jesu Christi ist, nährt er Gefühle und Grundsätze, die der göttlichen Person Jesu, seinem Leben und seiner Lehre schnurgerade entgegen sind, und sucht sie jenen Seelen einzuflößen, die er mit seinem Geiste beherrscht. Jesus, der zur Anspeiung, zu Faustschlägen und Backenstreichen, zur Dornenkrone, zum Kreuze, ja zum Tode ging, sagt zu seinen Gliedern: „Wer mir dienen will, folge mir nach" (Joh 12,26). Der Teufel aber lehrt seine Anhänger nichts anderes, als nach dem höchsten Gipfel zu streben. Sehet, wie die Grundsätze des Teufels den Grundsätzen Jesu schnurgerade entgegen sind; im Widerspruche müssen also auch die Triebe sein, die der Teufel im menschlichen Herzen erweckt. Findet also der Seelenführer eine Seele abgeneigt gegen die heiligste Menschheit Jesu, gegen ihre Betrachtung und Nachfolge, so glaube er ihrem Geiste nicht, auch wenn er noch so göttlich schiene; denn sie trägt allzu deutlich das Zeichen des teuflischen Betruges an sich.

Das elfte Kennzeichen ist die falsche Liebe und der falsche Eifer. Der zornige, trübe und ruhelose Eifer, der den Zorn zum Vater und den Stolz zur Mutter hat, ist jener, den der Teufel den Herzen seiner Anhänger eingibt, nicht etwa um die Fehler anderer zu verbessern, sondern bloß um den Frieden zu stören und die brüderliche Liebe zu verletzen. Wenn daher der Seelenführer, sei es in Privathäusern oder in religiösen Gemeinden, eine Person findet, die von diesem falschen oder unklugen Eifer beherrscht wird, indem sie sich über die Fehler anderer unmäßig aufregt, ihnen im Hause nachspürt, sie bekrittelt, darüber laut ihren

Hausgenossen gegenüber murrt, auf strenge Bestrafung dringt und viele Unruhen und Verwirrungen verursacht, so traue er ihr nicht, denn der wahre Geist des Herrn treibt die Seele an, auf sich zu schauen und nicht auf fremde Fehler achtzuhaben, sie bei sich zu entschuldigen und, wenn sie nicht entschuldbar sind, sie den Vorgesetzten mit Ruhe anzuzeigen, in der Absicht, dass sie gebessert werden, und dann sie zu vergessen, oder sich bloß deshalb an sie zu erinnern, um die Schuldigen im Gebete Gott anzuempfehlen.

Kommen wir nun zu praktischen Anwendung, wie der Seelenführer verfahren soll, wenn er an seinen Beichtkindern eines der erklärten Kennzeichen des teuflischen Geistes beobachtet. Drei Dinge hat er zu tun.

1) Er muss ihnen die Einflüsterungen des Teufels klar zu erkennen geben, damit sie sich überzeugen, dass diese und jene Erscheinungen, diese und jene inneren Bewegungen nicht von der Natur kommen oder von Gott eingegeben sind, sondern vom Feinde Gottes ausgehen, auf dass sie, wenn sie den Gegner erkennen, der sie angreift, sich bereitwillig zur Verteidigung rüsten.

2) Er muss sie anhalten zum Gebete, dass sie sich Gott anempfehlen und ihn unablässig und von Herzen um seinen Beistand gegen die Anfälle dieses schlauen und wilden Feindes bitten, denn sonst werden sie beim ersten Angriffe unterliegen. Er schärfe ihnen ein, dass sie im Gebete nie ermüden und nicht davon ablassen dürfen, sondern beharrlich damit fortfahren müssen, solange der Kampf dauert.

3) Er ermahne sie, dergleichen Gedanken und innere Erregungen, wenn der Teufel sie damit anfällt, sogleich auszuschlagen, mit Verachtung zurückzuweisen oder entgegengesetzte Akte zu erwecken, je nachdem die Versuchung ist; widrigenfalls, wenn der Widerstand langsam, träg und schwach ist, werden sie zum großen Schaden ihren Seelen oft unterlie-

gen. „Wenn dir“, sagt der hl. Augustinus (in Psalm 103, conc. 4), „irgendetwas Unerlaubtes in den Sinn kommt, halte dich nicht dabei auf, willige nicht ein; das, was dir in den Sinn kommt, ist das Haupt der Schlange; zertrete es und du entgehst den übrigen Regungen.“

Erklärung einiger zweifelhafter Antriebe

Wenn deutlich zu erkennen wäre, woher alle Antriebe und inneren Regungen kommen, so wäre die Unterscheidung der Geister etwas Leichtes. „Mancher Weg, der dem Menschen der rechte scheint, führt doch zuletzt zum Tode“ (Spr. 14,12). Darum hier noch einige Winke zur Unterscheidung dessen, was verdächtig erscheint.

Jener Geist, der nach vollzogener Standeswahl nach einem anderen Stand sich sehnt, muss für verdächtig gehalten werden. „Ein jeder bleibe in dem Berufe, in welchen er berufen ward“ (1 Kor 7,20). Daraus folgt, dass Entschlüsse, seinen Beruf zu verlassen und einen anderen, zurückgezogeneren, strengeren, tätigeren oder frömmeren Stand zu wählen, obwohl sie beim ersten Anblick heilig sind, für gewöhnlich der natürlichen Unbeständigkeit oder teuflischem Betrug zuzuschreiben sind. Es gibt aber Beispiele von großen Heiligen, die zu einem vollkommeneren Stand übergegangen sind. Außer den Kennzeichen des guten Geistes ist zur Beurteilung festzustellen, ob die fragliche Person von Natur unbeständig ist, ob der neue Stand ihren Körper- und Geisteskräften angemessen ist und welche Rückwirkungen auf andere zu erwarten sind.

Sehr zweifelhaft würde jener Geist sein, der zu ungewöhnlichen, sonderbaren und dem Stande nicht angemessenen Dingen antriebe, denn die göttliche Vorsehung wirkt in der natürlichen wie in der übernatürlichen Ordnung nicht gewaltsam, sondern ruhig, dem Stande eines jeden angepasst. Zeichen dafür, dass der Antrieb zu etwas Besonderem von Gott kommen könnte, wären ein außergewöhnlicher Gehorsam und tief gewurzelte Demut. Das Verlangen nach Außerordentlichem in der Ausübung der Tugenden kann von Gott sein, aber Gott führt auf außerordentlichen Wegen nur solche, die sich im Feuer der Prüfungen bewährt haben und die er zu wirklicher Heiligkeit bestimmt hat.

Der Geist großer äußerer Bußwerke kann zweifelhaft sein. Auf die Gefahr hat Jesus bei Pharisäern aufmerksam gemacht: „Sie entstellen ihr Gesicht, damit man ihr Fasten merken soll" (Mt 6,16). Und der hl. Hieronymus sagt: „Ich habe aus Erfahrung gelernt, dass der Esel, wenn er müde wurde, gern vom Wege abgeht" (Ep. ad Lact.).

Der Geist fühlbarer geistlicher Tröstungen ist zweifelhaft. Wird eine solche angenehme Empfindung von der Gnade hervorgebracht, dann ist sie nichts anderes als ein süßer Eindruck, den die übernatürlichen und frommen Akte auf das Begehrungsvermögen machen. Eine solche Tröstung ist nicht zu verachten oder zu verwerfen. Denn sie ist heilig und nützlich. Nimmt man sie an, ohne sich an sie zu hängen, so trägt sie viel zur Ausübung der Tugend, zur Beharrlichkeit im Gebet und zum Fortschritt bei. Doch das Schlimme ist, dass sich unser inneres Gefühl von sich selbst, unabhängig von der Gnade, durch heilige Eindrücke und Gedanken erregen kann. Dann ist die Tröstung nur eine Wirkung der Natur und bringt keinerlei Nutzen. Noch schlimmer ist, dass auch der Teufel solche Gefühle hervorrufen kann, zu großem Schaden oder wenigstens zu großer Gefahr für die Seele, die voll Andacht zu sein wähnt und in Wirklichkeit voll von Täuschung ist.

Man muss die Tröstungen nach ihren Früchten beurteilen. Ist der Verstand aufgeschlossener für die göttlichen Wahrheiten, der Wille stärker hingeneigt zu heiligen Dingen und tapferer im Streben, bekämpft er die kleinen Fehler sorgfältiger, dann sind die Tröstungen ein

Geschenk Gottes. Wenn aber nach dem Gebete, das mit derlei Tröstungen und Süßigkeiten verrichtet wurde, keine Wirkung festzustellen ist, der Mensch geradeso leicht wie zuvor in die alten Fehler fällt und wie vorher langsam und träge in der Übung der Tugend ist und das immer so fortgeht, so ist dieser geistige Trost sehr verdächtig, und man muss befürchten, dass er eine Wirkung der Natur oder des Versuchers ist. Man sollte sich darum von ihm abwenden. Dagegen erkennt man die geistliche Tröstung, die Gnade ist, gerade daran, wie der hl. Ignatius in der 3. Regel zur Unterscheidung der Geister in seinem Exerzitienbüchlein angibt, dass in der Seele eine innere Bewegung erweckt wird, durch die sie in der Liebe ihres Schöpfers und Herrn entflammt zu werden beginnt und das Geschaffene nicht mehr in sich selbst, sondern nur mehr im Schöpfer aller Dinge liebt, und sie zur Reue und zu größerer Bereitschaft im Dienste Gottes bewegt wird. Ganz besonders verdächtig wären andauernde, nie unterbrochene Tröstungen und geistliche Süßigkeiten. Denn diese gibt es nur bei der sehr, sehr seltenen umwandelnden Vereinigung mit Gott, sie ist in der Regel verbunden mit großen inneren und äußeren Leiden.

Anhang

I.

Die wichtigsten Aussagen des NEUEN TESTAMENTS über den Teufel

Die folgenden Aussagen sind zusammengestellt hauptsächlich nach dem Artikel „Teufel" aus Sev. Luegs Biblischer Realkonkordanz, verbessert von Bern. Mayrhofer, Bd. 2, Regensburg 1913, S. 513–516.

Die Bezeichnungen für den Teufel im NT sind: Satan, der Böse, der Gott dieser Welt, Herrscher (Fürst) dieser Welt, Herrscher des Machbereiches der Luft, Ankläger, Versucher, Verderber, Feind, Drache, Schlange, Beliar, Beelzebul.

1. Die bösen Engel sündigten und wurden deshalb von Gott verworfen

Gott hat die Engel, die sich versündigten, nicht geschont, sondern mit Ketten der Hölle in den Abgrund gezogen und der Pein übergeben, um sie zum Gerichte aufzubewahren. 2 Petr 2,4. – Auch die Engel, welche ihre Würde nicht bewahrten, sondern ihre Wohnung verließen, hat er zum großen Gerichtstage mit ewigen Banden in der Finsternis aufbehalten. Jud 6. – Es erhob sich ein großer Streit im Himmel: Michael und seine Engel stritten mit dem Drachen, und der Drache stritt samt seinen Engeln: aber sie siegten nicht, und ihre Stätte ward nicht mehr gefunden im Himmel. Und es ward hinabgeworfen jener große Drache, die alte Schlange, welche genannt wird der Teufel und Satan, welcher die ganze Welt verführt: er ward hinabgeworfen auf die Erde, und seine Engel wurden mit ihm hinabgeworfen. Offb 12,7–9. – Jesus sprach zu ihnen: Ich sah den Satan wie einen Blitz vom Himmel fallen. Lk 10,18. – Du glaubst, dass ein einziger Gott ist, du tust wohl daran; aber die Teufel glauben es auch und zittern. Jak 2,19. – Dann wird er zu denen auf der Linken sprechen: Weichet von mir, ihr Verfluchten, in das ewige Feuer, welches dem Teufel und seinen Engeln bereitet worden ist. Mat 25,41.

2. Die Teufel gehen auf das Verderben der Menschen aus. Sünden sind Werke des Teufels, denn dieser ist der Vater der Sünde, deshalb die Sünder Kinder des Teufels

Die Versuchungsgeschichte Jesu: Mt 4,1–11 = Lk 4,1–12. – (Vaterunser) Rette uns vor dem Bösen! Mt 6,13. – Wenn jemand das Wort von dem Reiche hört und versteht es nicht, so kommt der Böse und raubt das, was in seinem Herzen gesät worden ist. Mt 13,19; Mk 4,15. – Als die Leute schliefen, kam der Feind und säte Unkraut mitten unter den Weizen und ging davon. Mt 13,25. – Der Feind, der es sät, das ist der Teufel. Mt 13,39. – Die am Wege, die sind die, welche es hören: dann kommt der Teufel und nimmt das Wort aus ihrem Herzen, damit sie nicht glauben und selig werden. Lk 8,12. – Es war der Satan in Judas gefahren. Lk 22,3. – Simon, Simon, der Satan hat verlangt, euch sieben zu dürfen wie den Weizen. Lk 22,31. – Nach gehaltenem Abendmahle, als schon der Teufel dem Judas Iskariot, Simons Sohne, ins Herz gegeben hatte, ihn zu verraten ... Joh 13,2. – Aber dies (Jesu Gefangennahme) ist eure Stunde und der Machtbereich der Finsternis (= des Satans, als dessen Werkzug ihr handelt). Lk 22,53. – Petrus sprach: Ananias, warum hat der Satan dein Herz versucht, dass du logest dem Heiligen Geiste und zurückbehieltest von dem Werte des Ackers? Apg 5,3. – Paulus, erfüllt vom Heiligen Geiste, heftete den Blick auf Elymas und sprach: O du, voll jeglichen Trugs und jeglicher Arglist, Kind des Teufels und Feind aller Gerechtigkeit, hörst du nicht auf, den geraden Weg des Herrn zu verkehren? Apg 13,9,10. – Ich entreiße dich diesem Volke und den Heiden, unter welche ich dich jetzt sende, zu öffnen ihre Augen, auf dass sie sich bekehren von der Finsternis zum Lichte und von der Gewalt des Satans zu Gott. Apg 26,17,18. – Entziehet euch einander nicht, außer mit gegenseitiger Einwilligung eine Zeit lang, um euch dem Gebete zu widmen: dann kommet wieder zusammen, damit euch der Satan nicht versuche wegen eurer Unenthaltsamkeit. 1 Kor 7,5. – Ich fürchte aber, es möchten, gleichwie die Schlange mit ihrer Arglist die Eva verführt hat, so auch eure Gemüter verderbt werden und abfallen von der Einfalt, die in Christus ist. 2 Kor 11,3. – Der Satan nimmt die Gestalt eines Engels des Lichtes an. 2 Kor 11,14. – Die Sonne gehe über eurem Zorn nicht unter und gebt dem Teufel nicht Raum. Eph 4,27. – Ziehet an die Rüstung Gottes, damit ihr bestehen könnt gegen die Nachstellungen des Teufels: denn wir haben nicht bloß zu kämpfen wider Fleisch und Blut, sondern wider die Oberherrschaften und Mächte, wider die Beherrscher dieser Welt in dieser Finsternis, wider die Geister der Bosheit in der Luft. Darum ergreifet die Rüstung Gottes, damit ihr am bösen Tage widerstehen und in allem unverletzt aushalten könnt. Eph 6,11–13. – Wir wollten zu euch kommen, ich nämlich Paulus, einmal und abermal; aber der Satan hat uns gehindert. 1 Thess 2,18. – Ich sandte ihn (Timotheus), um euren Glauben kennenzulernen, ob nicht etwa der Versucher euch versucht hätte und unsere Arbeit vereitelt würde. 1 Thess 3,5. – (Wer Bischof werden soll), darf nicht erst kürzlich bekehrt sein, damit er nicht stolz werde und dem Gerichte des Teufels verfalle, er muss auch bei den Außenstehenden einen guten Ruf haben, damit er nicht in üble Nachrede und in die Schlingen des Teufels gerate. 1 Tim 3,6f. – (Ein Diener des Herrn soll) in Milde die Gegner zurechtweisen, vielleicht, dass Gott ihnen Umkehr zur Erkenntnis der Wahrheit schenkt und sie wieder zur Besinnung kommen, befreit von der Schlinge des Teufels. Denn von ihm sind sie, um ihm zu Willen zu sein, gefangen gehalten. 2 Tim 2,25f. – Seid nüchtern und wachet: denn euer Widersacher, der Teufel, geht umher wie ein brüllender Löwe und sucht, wen er verschlingen könne. 1 Petr 5,8. – Wer Sünde tut, ist vom Teufel: denn der Teufel sündigt vom Anfange. 1 Joh 3,8. – Jeder, der aus Gott geboren ist, tut keine Sünde, weil sein Same in ihm bleibt, und er kann nicht sündigen, weil er aus Gott geboren ist. Darin erkennt man die Kinder Gottes und die Kinder des Teufels ... 1 Joh 3,9,10. – Fürchte dich nicht vor dem, was du leiden wirst. Siehe, der Teufel wird einige von euch ins Gefängnis werfen, damit ihr geprüft werdet. Offb 2,10. – Der Drache steht vor dem Weibe, das im Begriff ist, zu gebären, um, sobald sie geboren, das Kind zu verschlingen. Offb 12,4. – Es ward hinausgeworfen jener großer Drache, die alte Schlange, welche genannt wird der Teufel oder Satan, welcher die ganze Welt verführt. Offb 12,9. – Wehe der Erde und dem Meere, denn der Teufel ist zu euch in großem Zorn herabgestiegen, weil er weiß, dass er nur noch eine kurze Zeit hat. Offb 12,12. – Und der Drache ergrimmte über die Frau und ging hin, Krieg zu führen gegen die übrigen ihrer Kinder, welche die Gebote des Herrn bewahren und das Zeugnis Jesu festhalten.

Offb 12,17. – Und wenn die tausend Jahre vollendet sind, wird der Satan losgelassen werden aus seinem Gefängnisse, und er wird ausgehen und verführen die Völker in den vier Ecken der Erde. Offb 20,7.

3. Der Teufel ist ein Menschenmörder, Lügner, Vater der Lüge, der Fürst dieser Welt

Der Satan sprach zu Jesus: Dies alles will ich dir geben, wenn du niederfällst und mich anbetest. Mt 4,9; Lk 4,6. – Wenn der Satan den Satan austreibt, dann ist er ja mit sich selbst entzweit, wie soll dann sein Reich Bestand haben? Mt 12,26; Mk 3,26; Lk 11,1. – Ihr habt den Teufel zum Vater und wollt nach den Gelüsten eures Vaters tun. Dieser war ein *Menschenmörder* von Anbeginn und in der Wahrheit nicht bestanden; denn die Wahrheit ist nicht in ihm. Wenn er Lüge redet, so redet er aus seinem Eigentume, denn er ist ein *Lügner* und ein Vater der Lüge. Joh 8,44. – Jetzt ergeht das Gericht über die Welt; jetzt wird der Fürst dieser Welt hinausgestoßen. Joh 12,31. – Ich werde nun nicht mehr viel mit euch reden; denn es kommt der Fürst dieser Welt, aber er hat nichts an mir. Joh 14,30. – Der Fürst dieser Welt ist schon gerichtet. Joh 16,11. – Ist auch unser Evangelium verhüllt, so ist es nur denen verhüllt, die verloren gehen, den Ungläubigen, deren Herzen der Gott dieser Welt verblendet hat, dass ihnen nicht strahle die Erleuchtung des Evangeliums der Herrlichkeit Christi. 2 Kor 4,3,4. – Euch, die ihr tot waret in eueren Sünden und Missetaten, in welchen ihr einst wandeltet nach der Weise dieser Welt, nach dem Fürsten, der Macht hat in dieser Luft, dem Geiste, der jetzt wirksam ist in den Kindern des Unglaubens. Eph 2,1.2. – Wir haben nicht bloß zu kämpfen wider Fleisch und Blut, sondern wider die Oberherrschaft und Mächte, wider die Beherrscher der Welt in dieser Finsternis. Eph 6,12. – (Der Antichrist) tritt hervor infolge der Wirksamkeit Satans mit trügerischen Zeichen und Wundern und mit jeglicher Verführung zum Frevel für jene, die verloren gehen. 2 Thess 2,9f. – Der Drache gab ihm (dem Tier aus dem Meer = Antichrist) seine Macht und seinen Thron und seine Gewalt ... Und die ganze Welt folgte staunend dem Tiere, und sie beteten den Drachen an, weil er die Gewalt dem Tiere gegeben hatte, und sie beteten auch das Tier an und sagten: Wer gleicht dem Tiere und vermag mit ihm zu kämpfen? Offb 13,2.4.

4. Christus hat die Gewalt des Teufels zerstört

Wenn ich durch den Geist (Finger) Gottes die Dämonen austreibe, dann ist ja das Reich Gottes schon zu euch gekommen. Mt 12,28; Lk 11,19. – In meinem Namen werden sie böse Geister austreiben. Mk 16,17. – Siehe, ich habe euch die Vollmacht gegeben ... über jede Macht des Feindes, und in nichts wird er euch schaden können. Aber nicht darüber freut euch, dass euch die Geister untertan sind, sondern freut euch, dass eure Namen im Himmel geschrieben sind. Lk 10,19f. – Simon, Simon, siehe der Satan hat verlangt, euch sieben zu dürfen wie Weizen; ich aber habe für dich gebetet, dass dein Glaube nicht gebreche. Lk 22,31,32. – Jetzt ergeht das Gericht über die Welt, jetzt wird der Fürst dieser Welt hinausgestoßen. Joh 12,31. – Wenn der Tröster kommt, wird er die Welt überzeugen ... von dem Gerichte, weil der Fürst dieser Welt schon gerichtet ist. Joh 16,8.11. – (Jesus heilte) alle, die vom Teufel geknechtet waren. Apg 10,38. – Der Gott des Friedens zertrete den Satan schnell unter unseren Füßen. Die Gnade unseres Herrn Jesu Christi sei mit euch. Röm 16,20. – Saget Dank Gott, dem Vater, der uns tüchtig gemacht hat, teilzunehmen am Erbe der Heiligen im Lichte, welcher uns errettet hat aus der Gewalt der Finsternis. Kol 1,12.13. – Christus entwaffnete die Oberherrschaften und Gewalten, führte sie mutvoll einher und triumphierte über sie öffentlich durch sich selbst. Kol 2,12. – Da nun die Kinder des Fleisches und Blutes teilhaftig geworden sind, so hat auch er gleichfalls sich derselben teilhaftig gemacht, damit er durch den Tod dem die Macht nähme, der des Todes Gewalt hatte, das ist dem Teufel, und diejenigen erlöste, welche in der Furcht des Todes durch das ganze Leben der Knechtschaft unterworfen waren. Hebr 2,14.15. – Der Sohn Gottes ist dazu erschienen, die Werke des Teufels zu zerstören. 1 Joh 3,8. – Ich sah einen Engel niederfahren vom Himmel, der hatte den Schlüssel des Abgrundes und eine große Kette in seiner Hand. Und er fasste den Drachen, die alte Schlange, welche ist der Teufel und Satan, und fesselte ihn auf tausend Jahre und warf ihn in den Abgrund und verschloss und versiegelte über ihm, dass er nicht mehr verführe die Völker. Offb 20,1–3.

5. Der Teufel ist ernst zu nehmen, aber Gott ist der Stärkere

Ich bitte nicht, dass du sie aus der Welt herausnimmst, sondern dass du sie vor dem Bösen bewahrst. Joh 17,15. – Ihr habt nicht wieder empfangen den Geist der Knechtschaft, um euch zu fürchten, sondern ihr habt den Geist der Kindschaft empfangen, in welchem wir rufen: Abba (Vater)! Röm 8,15. – Gott ist getreu; er wird euch nicht über eure Kräfte versuchen lassen, sondern bei der Versuchung auch den Ausgang geben, dass ihr ausharren könnet. 1 Kor 10,13. – Damit ihr nicht vom Satan übervorteilt werdet; denn seine Anschläge sind uns nicht unbekannt. 2 Kor 2,11. – Ziehet an die Rüstung Gottes, damit ihr bestehen könnt gegen die Nachstellungen des Teufels ... vor allem ergreifet den

Schild des Glaubens, mit welchem ihr alle feurigen Pfeile des Bösen auslöschen könnt. Eph 6,11.16. – Der Herr ist getreu, er wird euch ... vor dem Bösen bewahren. 2 Thess 3,3. – Gott hat uns nicht den Geist der Furcht, sondern der Kraft und Liebe und der Nüchternheit gegeben. 2 Tim 1,7. – Unterwerfet euch Gott: widerstehet dem Teufel, so wird er von euch fliehen. Jak 4,7. – Widerstehet ihm standhaft im Glauben. 1 Petr 5,9.

II.

Thomas von Kempen

Von den verschiedenartigen Regungen der Natur und der Gnade

Nachfolge Christi, III, 54, nach der Übersetzung von Johann Michael Sailer

1. Sohn, du musst sorgsam acht haben auf die Regungen der Natur und der Gnade. Durchaus einander entgegengesetzt, machen sie sich fast unmerklich geltend und können nur von einem geistlichen und innerlich erleuchteten Menschen voneinander unterschieden werden. Alle streben das Gute an und geben in ihren Worten und Werken etwas Gutes vor; unter dem Scheine des Guten lassen sich deshalb viele täuschen.

2. Die Natur ist schlau und weiß viele anzulocken, zu bestricken und zu betören und hat dabei stets sich selbst zum Endzweck. Die Gnade hingegen „wandelt in Einfalt"[2], „meidet jeden bösen Schein"[3], ist nicht auf Täuschungen bedacht und tut alles rein um Gottes willen, in dem sie auch schließlich ihre Ruhe findet. Die Natur sträubt sich, zu sterben oder unterdrückt oder überwunden zu werden, will auch nicht untertan sein oder sich freiwillig beugen. Die Gnade hingegen befleißigt sich der eigenen Abtötung, tritt der Sinnlichkeit entgegen, verlangt unterworfen,

---

[2] Vgl. Spr. 10,9.
[3] Vgl. 1 Thess 5,22.

begehrt, überwunden zu werden, will auch nicht über ihre eigene Freiheit verfügen können, sondern liebt es, in Zucht gehalten zu werden, wünscht nicht über irgendjemanden zu herrschen, sondern ist gern bereit, immer in Unterwürfigkeit gegen Gott zu leben und zu sein und zu bleiben und „um Gottes willen jedem menschlichen Geschöpfe demütig sich unterzuordnen“[4]. Die Natur arbeitet zu ihrem Vorteil und berechnet, was ihr an Gewinn von dem andern zufließt; die Gnade „fragt nicht darnach, was für sie nützlich oder vorteilhaft, sondern was vielen zum Besten dient“[5].

3. Die Natur nimmt gerne Ehre und Hochachtung entgegen, die Gnade aber weist alle Ehre und Herrlichkeit getreulich Gott zu. Die Natur fürchtet Beschämung und Verachtung, die Gnade hingegen „freut sich, für den Namen Jesu Schmach zu leiden“[6]. Die Natur liebt Muße und körperliche Ruhe, die Gnade aber kann nicht untätig sein und greift mit Freude zur Arbeit. Die Natur will Seltenes und Schönes haben und verabscheut das Gewöhnliche und Grobe, die Gnade aber hat Freude an dem Schlichten und Niedrigen, beschwert sich nicht über Schweres und scheut sich nicht, ein altes Kleid anzulegen.

4. Die Natur schätzt das Zeitliche, freut sich auf irdischen Gewinn, trauert über Schaden, wird gereizt durch ein leichtes Wort der Beleidigung. Die Gnade hat das Ewige im Auge, hängt nicht am Zeitlichen, lässt sich nicht betrüben durch Verluste und nicht erbittern durch harte Worte, weil sie ihren Schatz und ihre Freude im Himmel hat, wo nichts verloren geht. Die Natur ist begierig und pflegt lieber zu nehmen als zu geben, hat gern Eigenes und Besonderes. Die Gnade hingegen ist mildtätig und mitteilsam, geht dem Besonderen aus dem Wege, begnügt

---

[4] Vgl. 1 Petr 2,13.
[5] Vgl. 1 Kor 10,33.
[6] Vgl. Apg 5,41.

sich mit Wenigem, erachtet „Geben für seliger als Nehmen“[7]. Die Natur neigt zu den Geschöpfen, zu dem eigenen Fleische, zu Eitelkeiten und Zerstreuungen. Die Gnade zieht zu Gott und zu den Tugenden hin, entsagt den Geschöpfen, flieht die Welt, hasst die Gelüste des Fleisches, meidet das Umherlaufen, schämt sich, öffentlich aufzutreten.

5. Die Natur hat gern diesen oder jenen äußern Trost, um sich daran sinnlich zu erfreuen. Die Gnade verlangt, sich nur in Gott zu trösten und an dem höchsten Gute über alles Sichtbare hinaus sich zu erfreuen. Die Natur handelt immer des Gewinnes und des eigenen Vorteils wegen, kann nichts umsonst tun, hofft vielmehr für ihre Wohltaten ein Gleiches oder etwas Besseres oder doch Lob oder Gunst zu erlangen und fordert, dass ihre Taten, ihre Geschenke, ihre Worte gehörig geschätzt werden. Die Gnade hingegen sucht nichts Zeitliches und verlangt als Lohn nichts anderes als Gott allein; von den notwendigen zeitlichen Dingen will sie nicht mehr haben, als ihr zur Erreichung der ewigen Güter dienlich sein kann.

6. Die Natur hat Freude an einer großen Anzahl von Freunden und Verwandten, rühmt sich des vornehmen Standes und des Adels des Geschlechtes, huldigt den Mächtigen, schmeichelt den Reichen, hält zu ihren Gesinnungsgenossen. Die Gnade hingegen liebt auch ihre Feinde, brüstet sich nicht wegen einer Menge von Freunden, schätzt den Stand und den Adel der Geburt nur dann, wenn er mit größerer Tugend verbunden ist, bevorzugt den Armen, nicht den Reichen, stellt sich auf die Seite des Unschuldigen, nicht des Mächtigen, „zollt dem Wahrhaften Beifall, nicht dem Falschen“[8], mahnt die Guten immer, noch „bessern Gnadengaben nachzustreben“[9] und sich durch Tugenden dem Sohne Gottes zu verähnlichen.

---

[7] Apg 20.35.
[8] Vgl. 1 Kor 13,6.
[9] 1 Kor 12,31.

7. Die Natur klagt schnell über Mangel und Beschwerde. Die Gnade weiß die Not standhaft zu ertragen. Die Natur bezieht alles auf sich, streitet und klagt für sich. Die Gnade hingegen führt alles auf Gott zurück, von welchem es ursprünglich ausgeht, schreibt sich selbst nichts Gutes und macht keinerlei Ansprüche, beginnt nicht zu streiten und zieht ihre Meinung der Ansicht anderer nicht vor, unterwirft sich vielmehr in all ihrem Denken und Sinnen der ewigen Weisheit und der göttlichen Prüfung.

8. Die Natur wünscht, Geheimes zu erfahren und Neues zu hören, will nach außen hin auftreten und vieles durch Erfahrung kennenlernen, verlangt nach Ansehen und nach einer Tätigkeit, die Lob und Bewunderung einträgt. Die Gnade verzichtet gern darauf, neue und interessante Dinge zu vernehmen, weil dies alles von der alten Verderbnis herkommt, da es ja Neues und Bleibendes auf Erden gar nicht gibt. Sie lehrt also die Sinne im Zaume zu halten, eitle Selbstgefälligkeit und Prahlerei zu meiden, alles das, was lobenswert und wirklich bewundernswert ist, demütig zu verehren und bei jeder Sache und in jeder Wissenschaft den wahren Nutzen und Gewinn sowie das Lob und die Ehre Gottes zu suchen. Nicht sich und das Ihrige verlangt sie gefeiert zu sehen, sondern Gott, der alles aus reiner Liebe spendet, will sie in seinen Gaben haben.

9. Diese Gnade ist ein übernatürliches Licht und ein ganz besonderes Geschenk Gottes, das eigentliche Siegel der Auserwählten und das Unterpfand des ewigen Heiles. Sie hebt den Menschen von dem Irdischen zur Liebe des Himmlischen empor und macht ihn aus einem fleischlichen zu einem geistlichen Menschen. Je mehr also die Natur unterdrückt und überwunden wird, desto reicher ist die Gnade, die eingegossen wird, und „durch täglich sich erneuernde Heimsuchungen wird der innere Mensch nach dem Bilde Gottes umgestaltet“[10].

---

[10] Vgl. 2 Kor 4,16.

III.

Ignatius von Loyola

Regeln für die Unterscheidung der Geister

(Geistliche Übungen, nach dem spanischen Urtext übertragen von Alfred Feder SJ, 8. Aufl., Freiburg i. Br. 1939, Ausg. A, S. 151–161).

Regeln, um einigermaßen die verschiedenen Regungen, die in der Seele hervorgerufen werden, zu gewahren und zu erkennen, die guten, um sie zuzulassen, die schlechten, um sie abzuweisen.

Die Regeln sind mehr geeignet für die *erste* Woche[11].

Regel 1: Denen, die von einer Todsünde zur anderen schreiten, pflegt der böse Feind gewöhnlich scheinbare Freuden vor Augen zu führen, indem er bewirkt, dass sie sich sinnliche Genüsse und Lüste vorstellen, damit er sie umso mehr in ihren Lastern und Sünden erhalte und weiterführe. Der gute Geist hingegen befolgt bei solchen Personen das entgegengesetzte Verfahren, indem er sie ständig beunruhigt und ihnen durch die innere Stimme der Vernunft Gewissensbisse erregt.

2. Bei denen, die eifrig bestrebt sind, sich von ihren Sünden zu reinigen und im Dienst Gottes, unseres Herrn, vom Gen zum Bessern aufzusteigen, ist die Art des Verfahrens der in der ersten Regel beschriebenen Art

[11] Der dreißigtägigen Exerzitien

entgegengesetzt. Das ist nämlich dem bösen Feind eigen, Gewissensangst zu erregen, traurig zu stimmen und Hindernisse zu bereiten, indem er die Seele durch falsche Gründe beunruhigt, damit sie nicht weiter voranschreite. Dem guten Geist hingegen ist es eigen, der Seele Mut und Kraft, Tröstungen, Tränen, Anregungen und Herzensruhe zu spenden, indem er alles leicht macht und alle Hindernisse entfernt, damit sie im Gutestun immer weiter fortschreite.

3. Vom geistlichen Trost. Trost nenne ich es, wenn in der Seele eine innere Regung geweckt wird, wodurch die Seele in der Liebe ihres Schöpfers und Herrn entbrennt, und wenn sie demzufolge kein geschaffenes Wesen auf dem Antlitz der Erde um seiner selbst willen, sondern nur im Schöpfer aller Dinge zu lieben vermag. Desgleichen, wenn der Mensch Tränen vergießt, die ihn zur Liebe seines Herrn anregen, sei es nun aus Schmerz über seine Sünden oder über das Leiden Christi, unseres Herrn, oder über andere Dinge, die sich unmittelbar auf den Dienst und das Lob Gottes beziehen. Schließlich nenne ich Trost jeden Zuwachs an Hoffnung, Glaube und Liebe und jede innere Freude, die den Menschen zu den himmlischen Dingen und zum Wirken an seinem eigenen Seelenheil hinruft und hinzieht, indem sie der Seele Ruhe und Friede in ihrem Schöpfer und Herrn spendet.

4. Von der geistlichen *Trostlosigkeit.* Ich heiße Trostlosigkeit alles, was dem in der dritten Regel Gesagten entgegengesetzt ist, wie Finsternis der Seele, Verwirrung in ihr, Hinneigung zu niedrigen und irdischen Dingen, Unruhe infolge verschiedener Anreizungen und Versuchungen, die zum Misstrauen ohne Hoffnung, ohne Liebe hintreiben, wobei sich die Seele ganz träge, lau, traurig und gleichsam von ihrem Schöpfer und Herrn losgetrennt fühlt. Denn wie der Trost das Gegenteil der Trostlosigkeit ist, so sind auch die Gedanken, die aus dem Trost hervorgehen, den Gedanken, die der Trostlosigkeit entstehen, entgegengesetzt.

5. Zur Zeit der Trostlosigkeit soll man niemals eine Änderung treffen, sondern fest und beharrlich bei seinen Vorsätzen und der Willensentschließung bleiben, die man an dem der Trostlosigkeit vorhergehenden Tag getroffen hatte, oder auch bei der Willensentschließung, die man zur Zeit des vorausgegangenen Trostes gefasst hatte. Denn gleichwie uns zur Zeit des Trostes mehr der gute Geist führt und berät, so zur Zeit der Trostlosigkeit der böse Geist, auf dessen Ratschläge hin wir nie den Weg finden können, um recht zu handeln.

6. Obschon wir zur Zeit der Trostlosigkeit die früheren Vorsätze nicht ändern dürfen, so ist es doch sehr ersprießlich, unser Verhalten entschieden zu ändern, indem wir gegen die Trostlosigkeit selbst vorgehen, z.B. dadurch, dass wir eifriger das Gebet, die Betrachtung pflegen, uns viel erforschen und in angemessener Weise etwas mehr an Buße tun.

7. Wer sich in Trostlosigkeit befindet, soll bedenken, wie der Herr ihn der Prüfung halber bei seinen natürlichen Kräften[12] belassen hat, damit er auch so den verschiedenen Anreizungen und Versuchungen des Feindes widerstehe. Dies vermag er nämlich mit dem göttlichen Beistand, der ihm immer verbleibt, wenn er ihn auch nicht offenbar fühlt, da ihm der Herr zwar seinen starken Eifer, die große fühlbare Liebe und die überreiche Gnade entzogen hat, jedoch so, dass ihm die zum ewigen Heil ausreichende Gnade verbleibt.

8. Wer sich in Trostlosigkeit befindet, soll sich mühen, in der Geduld auszuharren, die den über ihn hereinbrechenden Heimsuchungen entgegenwirkt. Und er möge bedenken, dass er bald wieder des Trostes teilhaftig wird, dabei aber auch die Maßregeln gegen derartige Trostlosigkeit anwenden, wie es in der sechsten Regel angegeben wurde.

---

[12] Natürliche Kräfte: nicht ohne Gnade, sondern, wie das Folgende zeigt, ohne besondere *fühlbare* Gnade.

9. Es sind besonders drei Ursachen, derentwegen wir uns in Trostlosigkeit befinden. Erstens, weil wir lau, träge und nachlässig in unseren geistlichen Übungen sind und so wegen unserer Fehler der geistliche Trost uns fernbleibt. Zweitens, weil Gott uns prüfen will, wie viel wir vermögen und wie weit wir in Seinem Dienst und Seinem Lob voranschreiten ohne eine so große Belohnung von Tröstungen und reichen Gnadenerweisen. Drittens, weil Gott uns eine wahre Einsicht und Erkenntnis verleihen will, auf dass wir recht innewerden, es stehe nicht in unserer Macht, große Andacht, überwallende Liebe, Tränen oder irgendeine andere geistliche Tröstung zu erlangen oder zu bewahren, sondern es sei alles nur ein Geschenk und eine Gnade Gottes, unseres Herrn, und damit wir nicht sozusagen unser Nest auf fremden Boden bauen[13], indem wir uns auch nicht im Geringsten in geistigem Stolz oder in Selbstgefälligkeit überheben und uns selbst die Andacht oder die anderen Wirkungen des geistlichen Trostes zuschreiben.

10. Wer sich im Zustand des Trostes befindet, möge erwägen, wie er sich zur Zeit der Trostlosigkeit, die später über ihn hereinbrechen wird, verhalten werde, und für jene Zeit neue Kräfte sammeln.

11. Wer sich des Trostes erfreut, sei bestrebt, sich zu verdemütigen und sich zu erniedrigen, soviel er vermag, indem er bedenkt, wie wenig er zur Zeit der Trostlosigkeit ohne diese besondere Gnade oder Tröstung vermag. Wer sich dagegen in Trostlosigkeit befindet, soll bedenken, dass er viel vermag mit der Gnade, die hinreichend ist, allen seinen Feinden zu widerstehen, indem er nämlich die Kräfte findet bei seinem Schöpfer und Herrn.

12. Der böse Feind benimmt sich wie ein Weib, insofern er schwach ist, wo er auf kräftigen Widerstand stößt, und stark, soweit es auf seinen

---

[13] Der Sinn des Bildes ist: Wir sollen nicht in den Gaben Gottes ausruhen, als seien sie unser Verdienst oder gebührten uns.

Willen ankommt. Denn gleich wie es dem Weib, wenn es mit dem Mann streitet, eigen ist, den Mut zu verlieren und die Flucht zu ergreifen, sobald der Mann ihm fest die Stirn zeigt, und wie umgekehrt, wenn der Mann anfängt, den Mut zu verlieren und zu fliehen, der Zorn, die Rachsucht und die Wut des Weibes sich steigern und geradezu maßlos werden, so ist es auch dem bösen Feind eigen, schwach zu werden und den Mut zu verlieren, sodass seine Versuchungen die Flucht ergreifen, wenn der, der den geistlichen Übungen obliegt, diesen Versuchungen fest die Stirn zeigt und das gerade Gegenteil tut von dem, wozu sie anreizen. Wenn dagegen der, welcher sich den geistlichen Übungen widmet, inmitten der Versuchungen anfängt, sich zu fürchten und den Mut zu verlieren, so gibt es auf der ganzen Erde kein so wildes Tier, wie der Feind der menschlichen Natur es ist in der mit überaus großer Bosheit unternommenen Verfolgung seiner verworfenen Absichten.

13. Desgleichen benimmt er sich wie ein falscher Liebhaber, insofern er verborgen bleiben und nicht entdeckt werden will. Denn gleichwie solch ein falscher Mensch, der mit seinem Zureden die Tochter eines braven Vaters oder die Gattin eines braven Ehegatten zu verführen sucht, seine Worte und Einflüsterungen geheim gehalten wünscht und gleichwie es ihm dagegen sehr missfällt, wenn die Tochter dem Vater oder die Gattin dem Ehegatten seine gleisnerischen Worte und seine schlechte Absicht aufdeckt – weil er leicht ersieht, dass er dann mit dem begonnenen Vorhaben nicht zum Ziel kommen kann –, so will und wünscht auch der Feind der menschlichen Natur, wenn er seine trügerischen Verstellungen und Vorschläge der gerechten Seele einflüstert, dass sie geheim aufgenommen werden und geheim bleiben. Wenn aber die Seele diese ihrem kundigen Beichtvater oder einer anderen in geistlichen Dingen erfahrenen Person aufdeckt, die seine Verführungskünste und boshaften Anschläge durchschaut, so grämt ihn das sehr; denn da-

raus entnimmt er, dass er mit seinem schon begonnenen Anschlag nicht zum Ziel kommen kann, da seine Betrügereien offen zutage liegen.

14. Er benimmt sich auch wie ein Heerführer, um den Platz, den er nehmen will, zu bezwingen und auszurauben. Denn gleichwie ein Befehlshaber und Feldhauptmann erst sein Lager aufschlägt und die Befestigung oder den Verteidigungszustand einer Burg ausspäht und sie dann an der schwächsten Seite angreift, so sucht auch der Feind der menschlichen Natur auf Schleichwegen von allen Seiten alle unsere Tugenden auszukundschaften, die theologischen, die Kardinaltugenden und die übrigen sittlichen. Und wo er uns schwächer findet und hilfsbedürftiger hinsichtlich unseres ewigen Heils, da greift er uns an und sucht uns zu überwältigen.

Unterscheidungsregeln der zweiten Woche

Regeln zu demselben Zweck, die aber zu einer genaueren Unterscheidung der Geister dienen und mehr der *zweiten* Woche entsprechen.

Regel 1. Es ist Gott und seinen Engeln bei ihren Anregungen eigen, wahre Fröhlichkeit und geistliche Freude mitzuteilen und alle Traurigkeit und Verwirrung, die der böse Feind der Seele einflößt, zu verbannen. Diesem dagegen ist es eigen, gegen solche Fröhlichkeit und geistliche Tröstung anzukämpfen, indem er Scheingründe, Spitzfindigkeiten und ständiges Ränkespiel anwendet.

2. Gott, unserm Herrn, allein kommt es zu, der Seele ohne vorausgehende Ursache Trost zu spenden. Denn nur dem Schöpfer ist es eigen, in der Seele ein- und auszugehen und in ihr seine Anregungen zu bewirken, indem Er sie ganz zur Liebe Seiner göttlichen Majestät hinzieht.

Ich sage „ohne Ursache“, d. h. ohne irgendwelche vorhergehende Wahrnehmung oder Erkenntnis eines Gegenstandes, wodurch der Seele eine derartige Tröstung mittels der eigenen Verstandes- und Willenskraft zuteilwürde.

3. Mittels einer vorhergehenden Ursache vermag ebenso der gute Engel wie der böse die Seele zu trösten, jedoch zu entgegengesetzten Zwecken: der gute Engel zum Fortschritt der Seele, auf dass sie wachse und vom Guten zum Bessern aufsteige, der böse Engel zum Gegenteil und damit er sie schließlich zu seiner verworfenen Absicht und Bosheit hinzerre.

4. Dem bösen Engel, der sich in einen Engel des Lichtes umwandelt, ist es eigen, mit der frommen Seele einzutreten und mit sich selbst wieder auszutreten, das heißt, er pflegt erst gute und heilige Gedanken, die einer solchen gerechten Seele entsprechen, einzuflößen, und dann versucht er langsam, die Seele schließlich in seine versteckten Trügereien und schlechten Absichten hineinzuziehen.

5. Wir müssen sehr acht haben auf den Verlauf unserer Gedanken; sind der Anfang, die Mitte und das Ende durchaus gut und auf etwas völlig Gutes gerichtet, so ist dies ein Kennzeichen des guten Engels. Wenn es aber im Verlauf der Gedanken, die er einflößt, auf etwas Schlechtes oder Ablenkendes hinausläuft oder auf etwas, das minder gut ist, als was die Seele vorher zu tun beabsichtigt hatte, oder wenn es die Seele schwächt oder beunruhigt oder verwirrt, indem es ihr den Frieden, die Ruhe und die Stille benimmt, die sie zuvor besaß, so ist das ein klares Zeichen, dass es vom bösen Geist, dem Feind unseres Fortschritts und ewigen Heils, herkommt.

6. Hat man den Feind der menschlichen Natur an seinem Schlangenschweif[14] und an dem schlechten Ziel, zu dem er führt, wahrgenommen

[14] Das Bild stellt die Versuchung als den Kopf der höllischen Schlange dar, die Einwilligung als den Leib und die Tat als den Schwanz. Ignatius will also sagen, dass, während

und erkannt, so ist es für den, der von ihm versucht wurde, von Nutzen, sofort danach den Verlauf der guten Gedanken, die er eingab, zu überdenken, sowohl deren Anfang als auch, wie der Feind sich bemühte, ihn von dem Zustand der inneren Wonne und geistlichen Freude, in der er sich befand, ganz allmählich herabsteigen zu lassen, bis er ihn schließlich zu seinem schlechten Vorhaben hinabzog. Im Besitz der so gewonnenen und beherzigten Erfahrung sei er künftig auf der Hut vor dessen gewohnten Trugkünsten.

7. Bei denen, die vom Guten zum Bessern voranschreiten, berührt der gute Engel die Seele sanft, gelind und mild wie ein Wassertropfen, der in einen Schwamm eindringt, der böse Engel hingegen berührt sie scharf, laut und geräuschvoll, wie wenn ein Wassertropfen auf hartes Gestein fällt; die aber, die vom Bösen zum Schlechten voranschreiten, werden von den vorhin genannten Geistern auf die entgegengesetzte Weise berührt. Der Grund hiervon liegt darin, dass die Verfassung der Seele den erwähnten Engeln entweder entgegengesetzt oder gleichartig ist. Ist sie nämlich entgegengesetzt, so dringen die Geister mit Geräusch und Lärm ein, sodass man sie leicht gewahren kann; ist sie aber ähnlich, so tritt der Geist in aller Stille ein wie in sein eigenes Haus bei offener Tür.

8. Erfolgt die Tröstung ohne vorausgehende Ursache, so liegt ihr zwar kein Trug zugrunde, weil sie ja – wie gesagt wurde – nur von Gott, unserem Herrn, herrührt. Gleichwohl muss die dem geistlichen Leben zugewandte Person, der Gott eine solche Tröstung mitteilt, mit großer Wachsamkeit und Aufmerksamkeit zuschauen und die eigentliche Zeit einer solchen Tröstung selbst wohl unterscheiden von der nachfolgenden Zeit, in der die Seele noch erwärmt und beglückt bleibt durch die

---

man in bezug auf Versuchung und Einwilligung leicht sich täuscht, die vollbrachte Tat den Ursprung klar erweist.

Gunsterweisung und die Nachwirkungen der vorausgehenden Tröstung; denn oft bildet sie in dieser zweiten Zeit durch eigenes Nachdenken aus den Beziehungen und den Folgen der Begriffe und Urteile unter dem Einfluss des guten oder des bösen Geistes verschiedene Vorsätze und Meinungen, die nicht unmittelbar von Gott, unserem Herrn, eingegeben sind und deshalb sehr genau geprüft werden müssen, ehe man ihnen seine volle Zustimmung erteilt oder sie in die Tat umsetzt.

IV.

Kardinal Bona

Von den göttlichen Antrieben

Kardinal Johannes Bona (1609–1674), Zisterzienserabt, ist Verfasser eines Buches „De discretione spirituum" (Bruxelliis 1671 und öfter). Einen ausführlichen Auszug dieses Werkes hat Bernhard Maria Lierheimer übersetzt und seiner deutschen Ausgabe von Scaramelli beigegeben. Der folgende Text findet sich dort S. 252–258.

Vom göttlichen Geiste. Regeln, um ihn vom teuflischen zu unterscheiden.

Sechst Geister gibt es, die man in drei zusammenfassen kann, in den göttlichen, teuflischen und menschlichen.

Der göttliche Geist ist eine innere Anregung der Seele oder eine Eingebung, die von Gott kommt und zur Tugend und Heiligkeit antreibt.

Diese göttliche oder innere Anregung oder Einsprechung kann auf verschiedene Art geschehen. Sie kann unmittelbar von Gott kommen oder mittelbar. Mittelbar ist sie, wenn sie uns durch die Engel oder durch fromme Menschen, durch die Stimme des Gewissens, durch gute Beispiele, geistliche Lesung, durch Leiden und Widerwärtigkeiten usw. zukommt.

Es wäre eine sehr schlimme und gefährliche Unwissenheit, wenn wir die gute Einsprechung von der bösen nicht unterscheiden könnten. Die göttliche Gnade lehrt uns, den guten von dem bösen Geist zu unterscheiden. Durch dieses Licht erleuchtet, haben uns die heiligen Väter und Geisteslehrer einige Kennzeichen an die Hand gegeben: Solche sind:

1. Die Einsprechung selbst verrät ihren Urheber. Treibt sie zum Guten an, so rührt sie von einem guten Geiste her. Werden wir dagegen zu etwas Bösem angeregt, zu weltlicher Eitelkeit, fleischlicher Lust, unnützen Begierden und dergleichen, so redet der böse Geist.

2. Die göttlichen Einsprechungen führen stufenweise vom Guten zum Besseren und bequemen sich der Natur, dem Alter, dem Stande und Charakter eines jeglichen an. Der Teufel beobachtet bei seinen Einflüsterungen keine Ordnung, kein Maß und Ziel und schaut nicht auf die Beschaffenheit desjenigen, den er betrügen will.

3. Gott reicht den Anfängern die Milch geistlicher Tröstungen, damit sie kosten, wie süß der Herr ist; später gibt er ihnen dann kräftigere Nahrung, und sie erfreuen sich dabei innerer Ruhe. Der Teufel stellt den Anfängern die Wege Gottes schwierig vor, wirft ihnen Hindernisse in den Weg und jagt ihnen Furcht und Angst ein.

4. Die göttlichen Einsprechungen werden im Innersten des Herzens vernommen; die Stimme des Teufels kommt mehr von außen und mit Geräusch.

5. Die von Gott bewegt werden, fürchten sich immer besonders bei außerordentlichen Dingen vor Täuschungen, sind demütig und aufrichtig gegen ihren Beichtvater. Gefällt sich aber die Seele in solchen Dingen und wird sie stolz, so ist es ein sicheres Zeichen, dass der Teufel der Urheber ist.

6. Der Geist Gottes verleiht Barmherzigkeit und Milde gegen den Nächsten, auch da, wo die Gerechtigkeit angewendet werden muss; der

böse Geist macht das Gemüt des Betrogenen bitter, ungeduldig, zum Zorn geneigt und treibt zu anderen Verletzungen der Nächstenliebe an.

7. Der Geist Gottes treibt zur Verehrung dessen an, was heilig und ehrwürdig ist, seien es Personen oder Sachen; der Geist des Teufels erregt Verachtung alles Heiligen und Spott- und Zweifelsucht.

8. Erkennt eine Seele weit entfernte und geheime Dinge, so ist es dann ein Zeichen der göttlichen Erleuchtung, wenn man über ihre Demut und Liebe untrügliche Beweise hat. Nähren solche Erkenntnisse aber nur den Vorwitz und die eitle Ehrsucht, so ist der Teufel Lehrmeister. Das Innere des Herzens und seine Geheimnisse kennen und offenbaren, das kann nur Gott verleihen.

9. Wunder sind keine untrüglichen Zeichen der Heiligkeit. Gott kann auch durch böse Menschen Wunder wirken oder erlauben, dass sie durch Hilfe des Teufels Dinge tun, die als Wunder vor den Augen der Menschen gelten. Werden durch Wunder Seelen bekehrt, so ist das ein gutes Zeichen; denn Gott pflegt zu Werkzeugen einer gründlichen Bekehrung nur solche zu erwählen, die ihm wohlgefällig sind. Heuchler und Unheilige haben nie einen Sünder vollständig bekehrt.

10. Antriebe zu etwas, woran nichts Böses ist oder was ein größeres Gut nicht verhindert oder für den Stand des Handelnden nicht unschicklich ist, sind vom guten Geiste. Dieses zu erkennen, braucht es reifliche Prüfung, denn die Sache muss allseitig gut sein; es ist aber nicht so leicht zu erkennen, worin die allseitige Vollkommenheit eines Werkes besteht. Auch muss man sehen, ob der Antrieb nicht anfangs nur, sondern auch im Verlaufe und am Ende sowie in Anbetracht der Umstände gut ist, denn es kann ein Antrieb anfangs gut sein und nachher bös werden.

11. Den guten Geist begleitet immer Klugheit und geordnete Liebe. Der Geist, der zum Übermaß antreibt und Unordnung verursacht und unklug ist, ist böse.

12. Gott ordnet zuerst das Innere und legt den Grund der Demut, dann treibt er zu großen, herrlichen äußeren Taten an. Der böse Geist frohlockt zu äußeren Dingen und bekümmert sich nicht um den inneren Menschen.

13. Der gute Geist zeigt sich mild gegen die Guten, rau gegen die Schlechten, der böse Geist aber begünstigt die Bösen und schreckt die Guten; er schmeichelt den Sündern, erweckt eine vermessene Hoffnung in ihnen und hält sie von der Buße ab; dagegen ängstigt er die Gerechten mit Skrupeln und flößt ihnen Überdruss im Dienste Gottes ein.

14. Wird der Mensch zur Buße und Zerknirschung angetrieben, verwandelt sich sein Kleinmut und Überdruss bald in Heiterkeit und Bereitwilligkeit, so ist es die Hand des Allerhöchsten, die in ihm wirkt.

15. Jener Geist, der von sinnlichen Ergötzungen zurückzieht und uns zu Liebhabern der Arbeit und des Kreuzes macht, ist gut.

16. Das beste Kennzeichen des guten Geistes aber ist die Liebe.